EDITORA DO CONHECIMENTO

Auxiliando a humanidade a encontrar a Verdade

Estrelas no Céu de Inverno

ESTRELAS NO CÉU DE INVERNO
Alexandre
Obra mediúnica psicografada por
Almir Hildegardes Resende

Todos os direitos desta edição reservados à
CONHECIMENTO EDITORIAL LTDA.
Rua Prof. Paulo Chaves, 276 — V. Teixeira Marques
CEP 13485-150 — Limeira-SP
Fone: 19 3451-5440
www.edconhecimento.com.br
vendas@edconhecimento.com.br

Revisão: Mariléa de Castro
Foto da capa: Marcelo Lopes Lima
Projeto gráfico: Sérgio Carvalho

ISBN 978-85-7618-483-6
1ª EDIÇÃO — 2019

• Impresso no Brasil • *Presita en Brazilo*

Produzido no departamento gráfico da
CONHECIMENTO EDITORIAL LTDA
Rua Prof. Paulo Chaves, 276 — CEP 13485-150
Fone/Fax: 19 3451-5440 — Limeira — SP
conhecimento@edconhecimento.com.br

Dados Internacionais de Catalogação na Publicação (CIP)
(Angélica Ilacqua CRB-8/7057)

Alexandre (espírito)
Estrelas no Céu de Inverno / Alexandre ; obra mediunica psicografada por Almir Resende — Limeira, SP : Editora do Conhecimento, 2019.
176 p.

ISBN 978-85-7618-483-6

1. Obras psicografadas 2. Espiritismo 3. Ficção espírita I. Título II. Resende, Almir

19-1955 CDD — 133.93

Índices para catálogos sistemático:
1. Obras psicografadas

Alexandre

Estrelas no Céu de Inverno

Obra mediúnica
psicografada pelo médium

Almir Resende

1ª edição
2019

EDITORA DO CONHECIMENTO

Agradecimentos

Seguro da minha mera participação pessoal em tudo que segue escrito adiante, quero agradecer ao verdadeiro edificador e timoneiro dessa obra: o venerando instrutor Alexandre. Um Espírito de coração fraterno e generoso. E que foi extremamente paciencioso com minhas limitações mediúnicas, sendo, em todas as circunstâncias, o testemunho íntegro de simplicidade e humildade, de tolerância e inteligência, de grande cultura e infinito amor. Que eu possa ser merecedor da dádiva de tê-lo comigo em outras tarefas abençoadas de luz e aprendizado, favorecendo, com isso, a minha melhora espiritual.

Não posso me furtar também de agradecer à professora Fabiana Helena Silva que contribuiu para melhorar todo o manuscrito inicial, visualizando detalhes de ordem gramatical verdadeiramente importantes para a clareza e fortalecimento literário da presente obra.

Quando chega a idade, as ilusões e as esperanças vãs caem como folhas mortas; mas, as altas verdades aparecem com mais brilho, como estrelas no céu de inverno através dos ramos nus de nossos jardins.

Leon Denis

Sumário

Apresentação

Quando fazíamos – por nós mesmo – um apanhado de comovedoras histórias que já trazíamos registradas por meio de nossa *escrita-mediúnica* para compor o catálogo da obra *No Silêncio da Lembranças*[1], Alexandre, valendo-se de nossa antena psíquica, interveio a fim de nos ditar algumas outras páginas referentes às experiências vivenciadas por uma jovem de nome Flávia.

A pretexto do tema ser atual e de indiscutível importância para a sociedade, deveríamos, pois, somar essa nova história às demais na composição do livro a ser editado. À época foi um enredo curto, quase didático, abdicando a narrativa de se estender para o aspecto romanceado. Percebemos, no entanto, haver muita riqueza de conteúdo na experiência emaranhada de sensações, fantasias, lágrimas e desafios da jovem para que tudo fosse materializado em tão poucas linhas. Como não cabia a mim decidir pela continuidade do texto, simplesmente relaxei da responsabilidade sem muito mais esperar por outra orientação nesse sentido. Foi quando tempo depois, de súbito, recebemos o convite para voltar ao tema na tratativa espiritual como a mesma personagem de antes. A emoção veio forte num misto de felicidade e apreensão pela importância do compromisso a que, prontamente, atendemos.

Sob orientação de Alexandre, Flávia, a nossa biografada

---

[1] RESENDE, Almir. *No Silêncio das Lembranças*. Ditado pelo Espírito Alexandre. 1ª ed. Limeira/SP: **EDITORA DO CONHECIMENTO**, 2009.

espiritual, descreve sua experiência de vida quando ainda na veste física e depois quando da sua desencarnação devido ao infeliz uso do que ela mesmo batiza como "drogas pesadas".

A jovem narra, com riqueza de detalhes, não só os malefícios do vício, mas, sobretudo, os dramas que continuam após ultrapassar as fronteiras da morte: as zonas sombrias, o aliciamento de dependentes, a obsessão, o vampirismo, a melancolia, a depressão e outras influências dessa vertente perniciosa.

Relata também o seu esforço obstinado para fugir da asfixia desse ambiente trágico e nefasto; os desafios encontrados para mudar o seu estado de consciência e alterar o seu roteiro de sofrimento, abandonando, de uma vez por todas, o caminho sombrio dessa porta larga de perdição.

Destaco que os relatos são todos expostos em uma sala de aula no "campus" universitário de grande metrópole espiritual e só depois da análise criteriosa dos fatos pelo professor e seus alunos, extraindo do drama acontecido valiosos e oportunos ensinamentos, é, por fim, o contexto repassado a mim para transcrição psicográfica.

Este livro, valendo-se do exame de um tema atual e preocupante, oferece ao leitor cuidadoso uma boa oportunidade para se inteirar de dois universos interdimensionais que completam uma mesma vida, onde a grandeza da misericórdia Divina sempre reserva novas possibilidades de conhecimento, arrependimento e soerguimento moral.

Almir Resende

Prefácio

O maior prazer da leitura é a conversa íntima que travamos com gente (muitas das vezes) desconhecida. No caso dos romances, são os personagens: alguns inteligentes, perspicazes e intensos, outros calmos, sensíveis e reflexivos. Há os tristes e desesperançados, os rudes e irredutíveis; gente boa e generosa, gente ruim e arrogante. Sobrevoamos seus pensamentos e participamos dos anseios e desencontros, das lutas e dos sonhos, dos medos e da coragem desenhando o destino de cada um.

Uma vez criada a obra, se tornam vivos. E o leitor por afinidade ou mesmo por diferença marcante na personalidade, termina projetando em certo personagem uma adesão afetiva e intelectual que irá se avultar a cada capítulo.

Flávia, protagonista do enredo, é uma personagem marcante e real. A sua história não repousa em mera inspiração literária e sim no relato pessoal extraído das experiências vivenciadas por ela quando ainda estava imersa na matéria e depois de seu ingresso precipitado e conflitivo na dimensão dos espíritos, do aprendizado de então e do refazimento espiritual, permitindo-nos refletir sobre o inevitável encontro com nossos desafios existenciais, oportunizando sempre a chance bendita de repensar e buscar outros valores, de modo a erguer-nos em definitivo para a conquista da felicidade e do Amor Supremo.

O que mais poderia eu ainda dizer sobre a seiva viva das

lições do livro...? Pensei e resolvi colocar aqui minha própria reflexão, embora impactada de emoção, tão logo finalizei a leitura do manuscrito da psicografia: "... ainda que criados simples e ignorantes, valendo-se por hora de mentes e corações infantis, somos todos seres perfeitos em si mesmos. E sempre venceremos no final, porque temos as qualidades infindas e poderosas de Deus cristalizadas em nós ... Vive-se na Terra, mas sobreviemos do Universo e como navegantes eternos seguiremos a serviço do amor através das jornadas do tempo."

Em sua essência, o "tempo" – que nunca passa em vão – nos oferece circunstâncias imprescindíveis ao progresso espiritual. E nas suas lições de sabedoria, onde há dias claros e dias nublados, noites estreladas e noites escuras, a esperança sempre carece de luz para lhe revelar as perfeições da vida. Uma luz que não se apaga e está sempre disponível a iluminar qual seja a estação da alma, Jesus. E o próprio Jesus afirmou a João (8:12) "Eu sou a luz do mundo; quem me segue não andará em trevas; pelo contrário, terá a luz da vida."

E quando Flávia permitiu e sentiu essa "luz do mundo" aquecendo-lhe o coração, novas energias reergueram sua alma ferida; voltou a confiança no porvir e, com isso, a possibilidade de seguir com seu aprendizado de amor diante da tão promissora e preciosa vida que Deus lhe deu, da qual jamais teria o direito de desistir.

O presente livro não deve ser apenas lido, porém estudado, ponderado e meditado, pois trata de um assunto de grande importância a todos, o "suicídio indireto", caracterizado, no caso da personagem, pelo uso de drogas alucinógenas poderosas e nocivas capazes de afetar rapidamente o equilíbrio celular e alterar todo o metabolismo do organismo humano, aniquilando a saúde.

Em torno dessa situação trágica – fugaz e enganosa – as forças físicas da Flávia foram gradativamente reduzidas, ocasionando lhe a perda da vitalidade necessária para continuar viva (na carne) e cumprir com êxito a sua encarnação. Contudo, de todas as questões abordadas, nas páginas seguintes, e que seguem com leveza numa linguagem simples sem nenhuma aspiração intelectualista sobre o assunto, Jesus é o Sol que ilumina, permanece, aquece e cura. Daí, mesmo podendo ampliar um tanto mais as considerações significativas abordadas nos capítulos, não vi melhor possibilidade de finalizar o que está dito a não ser revivendo (e referenciando) um poema parnasiano de Auta de Souza: "O Senhor vem...".

E eis que Ele chega sempre de mansinho.
Haja sol, faça frio ou tempestade;
Veste o manto do amor e da verdade,
E percorre o silêncio do caminho.

Vem ao nosso amargoso torvelinho,
Traz às sombras da vida a claridade,
E os próprios sofrimentos da impiedade
São as bênçãos de luz do seu carinho.

Como o Sol que dá vida sem alarde,
Vem o Senhor que nunca chega tarde,
E protege a miséria mais sombria.

Ele chega. E o amor se perpetua...
É por isso que o homem continua
Ressurgindo da treva a cada dia.[2]

Djelma Maria Alves Resende
Diretora-Presidente do NEEJA[3]

---

[2] XAVIER, Francisco Cândido. *Parnaso de Além Túmulo*. Poesias Mediúnicas. 19ª ed. – 4ª impr. – Brasília: FEB, 2016 - p.254.
[3] NEEJA: Núcleo de Estudos Espírita Joanna de Ângelis – Uberaba, MG.

I - Escola universitária

Num dos pavilhões do "campus universitário" de grande e progressista metrópole espiritual, eu, Alexandre, na condição acadêmica de instrutor do polo educacional, preparo-me para dar início a novo ciclo de estudo e aprendizagem, no curso de graduação em *Neuropsicologia Científica*; ciência interdisciplinar que integra, não só os ramos médicos da neurologia e da psiquiatria, mas da psicologia nas suas mais diversas vertentes de análise do comportamento humano.

A sala, que na realidade é um anfiteatro, está lotada. Pode-se contar para mais de cem alunos, todos iniciantes do sexto ano; o último na grade escolar, antes da formatura. Após acomodar alguns livros sobre a escrivaninha que me é destinada à aula, dirijo-me à turma:

– Bom dia!

– Bom dia, professor! – O coro de cem vozes, responde.

E completo os meus cumprimentos:

– Parecem-me dispostos. Isto é ótimo! Sejam todos bem-vindos! Que Jesus, o verdadeiro professor e mestre desta escola, esteja presente conosco, inspirando-nos a conduzir os Seus ensinamentos e a ampliar o nosso aprendizado. Como sabem, este é o nosso último ano juntos na escola. Depois de diplomados, estarão aptos a aprimorar seus novos conhecimentos, ou seja, experienciá-los na prática; a única forma de sedimentar o que descobriram e aprenderam com paciência e inteligência. Vocês devem sustentá-los com bondade, dedicação e amor, para que se constituam em atributos primorosos dos seus espíritos, servindo-lhes para uma conduta evolutiva consciente, justa e saudável.

Alongo o olhar por sobre toda a assembleia de alunos e procuro estabelecer um primeiro registro da presença de cada um:

– Sei que muitos de vocês já optaram e, por isso, farão seu estágio final regressando à carne na crosta terrena, onde, tomando novo fardo de compromissos, procurarão trabalhar, resgatar e aperfeiçoar as faculdades aqui sintetizadas, engrandecendo-se no bem, na justiça e no amor. Outros, por sua vez, ficarão um tempo mais conosco envolvidos em várias tarefas de assistência benemérita, focando, principalmente, no consolo e no esclarecimento cristão. Qualquer das formas que escolheram para dar seguimento prático a esse curso não apresenta vantagem ou favorecimento quanto à ordem: os que hoje ficam, para abraçar o campo da ação fraterna nas fileiras espirituais, voltarão em momento oportuno ao orbe terreno, na condição de reencarnantes, para se arriscarem entre as tentações recalcitrantes e perigosas dos vícios, do ócio, das vaidades, do egoísmo, do poder. Aqueles que primeiro preferiram vivenciar a jornada física, correndo já os ricos do mau uso do livre-arbítrio, retornarão, tenho fé que vitoriosos, para continuarem ampliando, do lado de cá, os seus saberes e convicções redentoras.

Aguardo discreta murmuração entre os estudantes, que trocam rápidas impressões sobre as escolhas feitas para o pós-curso e retomo o ritmo da preleção:

– As alternativas de agora, as quais lhes indicam suas possibilidades evolutivas no futuro próximo, são nobres e meritórias, entretanto carece da parte de vocês uma vigilância constante, porque a Terra, seja na esfera astral ou no plano físico, está infestada dos arroubos contínuos do mal. Irmãos nossos afundados há milênios nos pântanos fétidos e lamacentos do ódio, da vingança, da amargura e do desespero, alimentando-se da pouca fé em Deus que guardam, seguem incrédulos da possibilidade de uma vida mais rica de sentimentos verdadeiros e, com isso, tornam-se cada vez mais dependentes dos propósitos nefastos que abraçam. Infelizmente, por serem muitos, formam barreiras magnéticas mentais que sustentam a incompreensão humana em patamares baixíssimos, fazendo com que ali permaneçam com o coração anestesiado em desejos e ambições fúteis.

Breve pausa e sigo explanando, aproveitando a expectativa silenciosa que paira na sala:

– Vocês bem sabem! Não é segredo a ninguém: legiões inteiras de Espíritos malfeitores, valendo-se de sua imperceptibilidade inferior, infestam e proliferam hoje no seio de nossa amada Terra. Eles tentam, desesperados, impedir-lhe o processo natural da merecida transição evolutiva. Atuam forte e com crueldade em quase todos os setores da sociedade: na política, na cultura, no esporte, na educação e até mesmo no reduto abençoado e privativo da família, o lar. Nem mesmo as religiões escapam do seu sistema perturbatório. O perigo é real e cultivar a cautela e a vigília pela oração constante é o remédio mais garantido e salutar que temos.

Procuro, sem fugir do tema, realçar a confiança e o ânimo dos discentes:

– Meus caros alunos, resguardando-se na prudência sábia e ativa, não devem temer a nada! Simplesmente trabalhem, tolerem e confiem! Jesus, o nosso guia e mestre, estará sempre no comando e seguirá com vocês conforme Suas próprias palavras de amor: "*Vinde a mim todos aqueles que estão cansados e oprimidos e eu os aliviarei*"[4]. Se essas palavras ressoarem fortalecidas de fé a seus ouvidos, nenhuma erva daninha se alastrará em seus corações, em seus caminhos. Na verdade, desse modo, ampliarão os tesouros intelectuais das suas consciências, permitindo-lhes estabelecer parâmetros para o Bem e para o Mal, em que optando pelo primeiro, não esquecerão de acender a luz para dissipar as sombras do segundo.

Pressinto que o simbolismo profundo das palavras de Jesus, na conotação que precisavam ouvir, os reveste de coragem e determinismo.

– Há vários pontos que carecem de atenção em regime de urgência na Terra, mas o foco de preocupação eminente é com

[4] Mateus 11:28

os mais jovens, o futuro de tudo. A falta de estrutura familiar mais operante, de religiosidade como anteparo moral e espiritual, e também de um campo de trabalho profissional digno e promissor tem levado almas imaturas a atitudes desrespeitosas. A cada dia, estando mais revoltadas e agressivas, exigem para si aquilo que não fazem por merecer.

Procuro mobilizar a atenção dos alunos para os aspectos e as perspectivas da juventude atual, conduzindo a fala de forma que consiga expor bem a gravidade da situação.

– O mundo, cada vez mais integrado nas facilidades dos processos de globalização, provocou uma onda de reações juvenis, em que, deliberadamente, se colocam contra as leis da sociedade, criticam a ética e a moral e não dão a mínima para as verdades divinas. Acomodados na enxurrada de tecnologia à disposição, grande parte dos jovens desprezam os valores de família, e não se constrangem por sua falta de fé e de crença em Deus. Com isso, sem qualquer retaguarda afetiva e espiritual, sofrem ataques constantes dos facínoras do invisível, suscitando-lhes principalmente ações de negligência e de rebeldia e estados emocionais de melancolia e descontentamento. Diante da pressão fluídica obsessiva, isolam-se na depressão ou apelam para o uso de drogas alucinógenas, para fugirem, sem remorsos, dos seus compromissos para com a vida.

Tomo o cuidado de não revestir as palavras de um impressionismo infrutífero.

– Quero atentar sobre o malefício das drogas, porque o tema faz parte da programação do ano letivo. Inclusive, começaremos ainda hoje a tratar da questão. É evidente que não há pretensão alguma de esgotar o assunto, nem de depararmos com uma terapêutica medicinal miraculosa para erradicar essa indesejável *sangria social*.

Sigo com o discurso.

– Nesse sentido, e já ajustando uma exposição do tema, há um detalhe importante nessa "porta escancarada da perdição", o qual tem nos tornado difícil a missão efetiva de deter-lhe o avanço: falo da permissividade das leis terrenas quanto ao uso e abuso do que julgam ser drogas menores, de natureza social aceitável, como o álcool e o tabagismo, potencialmente nocivos ao organismo humano e condutores preliminares para incursão fatal no mundo pesado dos entorpecentes. Além disso, é extremamente negativa a maneira com que os meios de comunicação de grande abrangência populacional, como jornais e revistas, emissoras de rádio e televisão, por vezes, destacam opiniões e atitudes insensatas de pessoas ditas *celebridades*, que no fundo desejam tão somente a atenção da mídia para se sustentarem um tanto mais no ápice da fama transitória. Porém, como efeito da repercussão pública exagerada das suas excentricidades, transformam-se em modelo de contradição sociocultural e estimulam mentes de pouca maturidade emocional a comportamentos semelhantes, que as levam à debilidade moral.

Devido à importância dos conceitos preliminares, estendo as observações:

– Oremos a Deus para que Ele nos inspire um processo de interdição de abrangência maior e melhor, pois a droga já é uma epidemia real tanto no mundo dos encarnados como no mundo dos desencarnados. São milhares de Espíritos nefastos por trás, nas sombras, gerenciando o tráfico de entorpecentes. Eles transitam livres por quase todas as cidades do planeta, semeando a promiscuidade e aliciando, por indução magnética perversa, traficantes, pessoas de má índole e outros tantos de moral fragilizada. Atuam não só na periferia, morros e favelas, mas na intimidade dos grupos familiares, nos lares de todas as classes sociais, nas escolas, no ambiente de trabalho profissional; até mesmo no esporte, no lazer e em determinadas seitas religiosas. Todo cuidado é pouco: o mecanismo das trevas é silencioso e eficiente, não apenas polui a mente dos mais incautos, como até mesmo a de pessoas de bom nível de inteligência e formação cultural. Estes, os ditos cultos e intelectualizados, quase sempre são inconscientes da própria névoa negra e densa que sustentam com seu personalismo aviltante, que é por onde se expande o egoísmo, a ambição e a vaidade.

Sem oferecer pausa a qualquer questionamento, sigo alinhavando o raciocínio na direção dos alucinógenos e de seus gravames:

– Um fato por vezes desolador é que depois de engolfado pelo uso infeliz das drogas, não é mais tão fácil abster-se do vício. Mesmo quando da morte física, o organismo continua fluidicamente carregado de toxinas. Isso acontece de tal maneira que se gasta longo tempo para processar a desintoxicação completa e outro tempo de igual ou de maior medida para recuperar o psiquismo afetado, que leva à perda da autoestima, ao medo exacerbado, ao comportamento arredio e antissocial.

Ajusto o que acabo de falar na intenção de fixar melhor a mensagem:

– Todos vocês, meus queridos alunos, guardem na consciência que o arrependimento é inútil se for extraído apenas do sofrimento. Não basta somente o desejo árduo da reparação mas, sobretudo, deve-se primeiro reparar-se o mal causado a si e aos outros e isto se dá através do processo único, e geralmente doloroso, que é o da reencarnação expiatória. Sempre será assim: qualquer ação menos digna que criarmos contra nós ou a quem quer que seja, permanecerá em nosso campo psíquico, ficará lá, atormentando; só nos deixará o íntimo quando a causa da nocividade for totalmente eliminada.

O monólogo caminha no mesmo gênero:

– Logo vocês estarão exercendo as funções nobres de psicólogos, de psiquiatras, de enfermeiros, de biomédicos e de outras graduações científicas correlatas, mas não queiram se manter isolados no que escolheram para desenvolver como recurso de trabalho no auxílio a suas trajetórias evolutivas. As horas futuras que haverão de chegar, creiam, serão difíceis, tormentosas, pois trarão mudanças e ilusões que lhes podem facilmente poluir a esfera mental e os intoxicar de dúvidas. A toxina da dúvida não só coagula o pensamento e desnorteia a confiança, como também refreia a vontade de se insistir no bem. Para não correrem o risco de se emaranharem descuidados nessa perigosa psicosfera energética, é necessário, sobretudo, se conscientizar e, sem falsa humildade, assumir a própria condição de mero aprendiz no educandário divino da vida; ignorante de sabedoria e de aprimoramento espiritual; pequenino nômade a caminho da luz e ainda frágil quando no campo largo das adversidades e da renúncia; suscetível ao erro e à queda moral.

Preservando o panorama do assunto, sigo evidenciando a necessidade da tarefa e do esforço pessoal de cada um:

– Acreditem: é no bem-estar do próximo que reside a grande parcela da real felicidade e cada alma tem a sua cota de recursos para engrandecê-la. Por ser assim, é que se deve entrar em contato com as mazelas de todas as matizes que assolam o mundo e enfrentar, com coragem, fé e determinação os combates que noss são reservados na Obra Divina e os tantos outros que chegam inesperados. Em todas as situações, o que não se pode é ficar inerte esperando que autoridades governamentais, daqui ou de acolá, encontrem, mediante obrigação pública, a solução do problema. Somos parte da solução. A droga, essa epidemia lastimosa que se abateu na sociedade, atingindo crianças, jovens e adultos, é uma questão de todos. Uma tarefa hercúlea que exige serenidade, sabedoria, compreensão e solidariedade, que são sementes do amor, o único sentimento que cura em definitivo.

E completo o pensamento:

– O uso de drogas não é um fato inusitado; o sofrimento, a degradação e a morte prematura são quase que palavras sinônimas dessa tragédia. O caminho seguro na recuperação dos vícios dessa natureza é o nosso Mestre e Senhor, Jesus: "e conhecereis a verdade, e a verdade vos libertará"[5]. Jesus é inequívoco, não comporta dúvidas e incertezas; é a verdade que clarifica e liberta. Através Dele, vivenciando lhe as lições na busca do Reino de Deus em nós, é que encontraremos o equilíbrio espiritual para que novas possibilidades nos sejam acrescentadas. Segui-lo de perto é encontrar alívio, porque "seu fardo é suave e seu jugo é leve"[6], no sentido oposto ao fardo das drogas que é pesadíssimo e o jugo impiedoso. Para preferirem sempre a "porta estreita"[7] em detrimento da porta larga e espaçosa que conduz à perdição, não se afastem

[5] João 8:23

[6] Trecho extraído do Novo Testamento – Mateus 11:28-30 e adaptado na fala pronominal de Alexandre.

[7] Alusão ao trecho evangélico: "Entrai pela porta estreita; porque larga é a porta, e espaçoso o caminho que conduz à perdição, e muitos são os que entram por ela" – Mateus 7:13

do perdão que cura e fortalece e da bondade que edifica e enobrece a alma.

Faço uma pausa maior, liberando os alunos para um burburinho moderado, a fim de que possam trocar ideias e reflexões sobre o que acabaram de ouvir. Após os minutos reservados à confabulação geral, retomo a fala:

– Pelo que foi aqui rapidamente exposto, creio que os senhores compreenderam a gravidade do assunto. A direção-geral do nosso curso, ciente da importância do tema que, de forma temível, vem onerando os débitos da humanidade, deliberou que colocássemos a situação dos tóxicos na grade curricular do ano. No entanto, os ilustres diretores entendem que cabe a nós não só a compreensão da parte teórica referente à natureza e à forma desse desvio comportamental, de expiações terríveis, mas também um olhar mais intenso, operante e imediato sobre o problema. Por isso, foi-nos concedido trabalhar com vocês, neste período, em cima de um exemplo prático, isto é, de um fato realmente ocorrido não faz muito tempo, e que nos trará, dentro da sequência dos acontecimentos que serão aqui relatados, um grande conteúdo de lições e de aprendizados.

Noto uma expectativa saudável tomando conta da sala. Trato, então, de dar sequência à notícia:

– Quero que recebam, não só com cordialidade, mas com muito carinho a nossa irmãzinha Flávia.

Dito isto, adentra a sala de aula a senhora Rosália, uma das coordenadoras da unidade escolar, e vem acompanhada de uma jovem moça que passa a impressão de, no máximo, quinze ou dezesseis anos de idade. Olhos castanhos e cabelos lisos da mesma cor, terminando nos ombros. As faces levemente rosadas, com algumas sardas acentuadas, revelam uma expressão vaga, que mistura tristeza, ternura e beleza. Um tanto magra e de estatura mediana, de sapatos modelo colegial, veste um discreto vestido branco, com um casaco azul-celeste sobreposto, sem colares, pulseiras, anéis ou qualquer outro adereço de interesse feminino.

Uma jovem graciosa, que permanece calada, visivelmente constrangida por estar ali sendo silenciosamente observada pelos olhares curiosos dos alunos. Rosália, perceptiva, toma a frente:

– Professor, deixo a "Flavinha" aos seus cuidados. Um pouco antes do término da aula, volto para buscá-la. Não podemos estender esse tempo, porque, senão, ela perde o transporte de volta para o Alojamento[8].

– Tudo bem, Rosália! – respondo, com parcimônia. – Vamos ficar atentos e aproveitar ao máximo o tempo disponível. Obrigado!

A coordenadora, assentindo com a cabeça, deixa o recinto. Notando a expressão de desconforto e insegurança no rosto da convidada, procuro logo um jeito de descontraí-la:

– Flávia, não se impressione! Todos aqui são pessoas de boa formação. Não são lá muito bons anfitriões, por isso não te cumprimentaram ainda.

– Quê?! – indaga ela, assustada.

– Não se assuste! Eu também estou surpreso – acrescento sorrindo –, pois esperava que você tivesse melhor receptividade da classe.

– Bom dia, Flávia! Seja muito bem-vinda! – ecoa repentinamente o coro de cem vozes.

– Ah!!! Esses são os alunos que conheço, admiro e respeito – atravesso e, num tom mais paternal, completo: – Seja muito bem vinda, minha filha! Que a paz do Divino Mestre Jesus esteja com você.

– Agradeço, professor. Obrigada a todos! – responde a convidada, ainda meio desconcertada por estar ali.

Busco deixá-la mais calma e confortável.

– Sente-se, aqui, nesta cadeira, e fique tranquila. Você está entre amigos. Pessoas que ainda não conhece, mas que posso garantir: são portadoras de corações generosos e sinceros. Por isso, procure não se ver como uma estranha. Nesta escola, somos todos *recuperandos* e aprendizes, procurando enriquecer o espírito para o amanhã que nos aguarda. Aqui, você tem toda a liberdade de escolha; não precisa fazer nada que seu próprio coração não peça.

Ela me fixa o olhar e sorri docemente. Pressinto-a menos

[8] O Alojamento situa-se no parque hospitalar onde Flávia permanece em tratamento.

apreensiva. Considero, então, que não devo mais retardar o roteiro da disciplina escolar e passo a inserir a jovem convidada no contexto dos estudos:

– Conheço a Flávia não faz muito tempo. Fomos apresentados por Natanael[9], amigo pessoal e *médico-diretor* do núcleo hospitalar, onde ela se mantêm em terapêutica de tratamento. Na ocasião, conversamos, e a Flávia está aqui hoje, a nosso convite, para a gentileza de nos contar um pouco da sua história pessoal, da sua condição de toxicômana, do curso dos acontecimentos, desde o início da compulsão viciosa. Não será uma narrativa simples, nem fácil, pois que está em período de convalescência médica.

Ando dois ou três passos na direção da turma e explico:

– Vocês verão, nas experiências vivenciadas por nossa irmã, não só os impositivos das privações e dos sofrimentos, reflexos de suas escolhas e que tanto lhe obscureceram o mundo íntimo, mas, sobretudo, irão constatar a força prodigiosa do influxo da vontade verdadeira, capaz de redirecionar, fortalecer e sustentar a harmonia do espírito, mesmo em condições adversas. As cenas que estão gravadas com riqueza de detalhes na memória da Flávia se reportarão primeiro ao tempo físico da sua breve encarnação; depois os relatos desaguarão para o ambiente espiritual, onde lhe foi extremamente árdua a retomada da saúde da mente e do corpo.

[9] **Natanael** (biografia transmitida por Alexandre): Espírito de hierarquia ascensional elevada, que, desde os tempos idos do profeta Moisés, já possuía na alma a expressão fervorosa da honra, da justiça e da verdade em relação à existência de Deus, como um Ser único e soberano. Numa de suas passagens reencarnatórias na Terra, antes ainda de se completar um século do regresso do Divino Mestre Jesus às hostes celestiais, foi ultrajado nos calabouços do Império Romano, por vivenciar em si os ideais do Cristianismo. Morreu martirizado na arena do *Circus Maximus*, onde teve o peito crivado de flechas venenosas e o fardo de carne incinerado logo em seguida. Nos meados do século XVIII, revestindo pela última vez o invólucro carnal, presta valiosa contribuição à medicina e à ciência terrena. De volta à Espiritualidade, em vista do emérito trabalho realizado, recebe permissão para prosseguir servindo neste mesmo e vasto campo de amor e do auxílio fraterno. Médico-cientista especializado na área multidisciplinar da neurociência, é, além de neurocirurgião conceituado devido à eficácia dos seus procedimentos operacionais, educador. Atualmente colabora na direção de grande associação hospitalar no plano espiritual. Há pouco tempo, recebeu de Ismael – o guardião supremo da Pátria do Cruzeiro – a missão de resgatar para as claridades celestes importante monarca intelectual de vasta província rebelde, que, há séculos, permanece mergulhada nas esferas abissais do planeta Terra. Toda essa epopeia entre a luz e as sombras está relatada na obra *As Manhãs São Eternas*. Limeira/SP: **EDITORA DO CONHECIMENTO** – 2014.

Prossigo na fala, só que agora exponho à classe alguns deveres e recomendações:

– Iremos, através das lembranças compartilhadas bondosamente pela irmã, fazer uma reflexão valiosa sobre o que vem assombrando o século XXI. Para isto, precisamos nos resguardar na fé e alinhar nossas predisposições mentais de forma que vibrem intensamente a favor de nossa convidada, fortalecendo lhe os sentidos psíquicos, para que não sofra recaídas fluídicas, devido à possibilidade de algum efeito reativo dos alucinógenos presentes nas suas células orgânicas, ainda fragilizadas.

Considerando a importância da seriedade com a sintonia vibracional, reforço o aviso:

– Os mecanismos de nossa psique são intrincados e capazes de nos conduzir a armadilhas impensadas. Por isso, ao nos envolvermos nos dramas das aventuras passadas pela Flávia, em que faremos junto dela uma incursão mental ao mundo sombrio dos tóxicos, entrando voluntariamente numa baixa e densa frequência energética, precisaremos de cautela e de buscar no Evangelho de Jesus o alicerce para as nossas conclusões. Desse modo, o nosso encadeamento vibracional permanecerá equilibrado e harmonioso, resguardando-nos de qualquer interferência doentia e perturbadora.

Ainda no mesmo contexto:

– Tenho confiança de que vocês não se enfraquecerão, como também não medirão esforços para amparar de amor a nossa convidada. No mais, quero acrescentar que a Flávia estará conosco apenas uma vez por semana em encontros regulares que não poderão passar de uma hora. E vocês não deverão abordá-la para qualquer tipo de entrevista nos corredores da escola. Ela não recebeu alta hospitalar e se encontra em processo de restabelecimento gradual da saúde, precisando, além do nosso carinho e atenção, de remédios e cuidados especiais.

Como o prazo é curto, meus apontamentos iniciais caminham para o fim.

– Ao cabo de cada relato, a Flávia será liberada. Nós continuaremos na sala, recordando e ponderando sobre o que foi dito. Quando ela completar toda a narrativa da sua história, vocês apresentarão um relatório minucioso de suas conclusões pessoais, e esse trabalho descritivo comporá o resultado da avaliação do aprendizado.

Nada mais a acrescentar ou esclarecer, chamo a convidada:

– Minha filha, como existe hora aprazada para que você possa estar conosco, não vamos nos alongar mais. Por favor, venha e se apresente a seus irmãos. Todos eles, como já comentei, estão em luta por aprendizado e melhora espiritual e, igual a você, se encontram em estágio particular de reabilitação.

Ainda meio acanhada, mas aparentemente tranquila, levanta-se da cadeira e, na forma de sua jovialidade, começa a falar:

– Oi!

– Oi, Flávia. – o pessoal responde, uníssono.

Ela sorri e irradia uma doçura que cativa os presentes.

– Fico agradecida por estar aqui. Não sei se a minha história, que não é lá tão bonita, pode lhes favorecer alguma coisa nos estudos. Nem tudo continua vivo na minha lembrança. Tem partes que me chegam à memória de forma fragmentada, outras eu nem sei ao certo como descrever. Falei disso ao professor Alexandre, porém ele afirmou que não haveria importância, que poderia ir até onde conseguisse recordar.

Sorri novamente e começa.

II - Minha história

Meu nome, como já sabem, é Flávia. Vim a óbito por volta dos vinte anos de idade. Quando viva, do lado de lá, por ser franzina e não muito alta, as pessoas me achavam bem mais nova, uma adolescente de no máximo uns quinze anos; o que me incomodava bastante na época, porque, ia e vinha, era barrada em algum lugar, geralmente pediam a carteira de identidade para liberarem a entrada de boates, sessões de cinema e coisas do tipo. A turma vivia de zoeira me chamando de *bebê da mamãe.*

Não tive irmãos. Filha única, com uma infância cheia de paparicos. Até por volta dos dezesseis anos uma garota normal, daquelas abarrotadas de sonhos, que ia à escola, tirava boas notas, gostava de música, paquerava, tinha ídolos na televisão e muitos amigos, quase todos parecidos entre si no que curtiam ou fantasiavam. Em casa, pais bons, carinhosos, responsáveis e serenos. Tínhamos empregada, viagens de férias para a praia e uma vida financeira confortável.

Tudo ia bem. No entanto, chegando perto da minha maior idade, conheci numa festa a Francysmara...[10], tratada pela galera só por Mara Flores. A garota estudava noutro colégio e tinha, no máximo, dois ou três anos a mais do que eu, no entanto era bem diferente de mim. Havia nela um estilo próprio: calça jeans rasgadas; cabelos *fashion*; *piercing* e várias tatua-

[10] O nome completo foi suprimido na finalidade de evitar constrangimento a quem possa ter sobrenome similar.

gens pelo corpo. Nada do jeito convencional. *Supertransada*. Poxa! Fiquei impressionada, pois, no meu modo de ver as coisas, aquilo representava autenticidade, liberdade de expressão; algo sem rótulos, pra ser quem e o que quisesse na vida. Além do mais, era bonita, sociável, falante, alegre, divertida e rodeada de gente. Pensei: por que não me redefinir também? Por que não me redescobrir? Aproximei-me dela e fui sofisticando a minha imagem, o meu padrão de beleza pessoal. Passei a usar roupas descoladas, cortei e descolori os cabelos e fiz até mesmo uma tatuagem que mantinha escondida da família.

Não demorou e comecei a atentar para certos garotos diferentes do bairro. Os ditos "carinhas maneiros", superdivertidos e de mente aberta. Descompromissados de tudo, exceto do bolso do pai.

E descobri outros lances.

A Mara fumava: experimentei o cigarro. Ela bebia: passei a beber. Depois de algum tempo xerocopiando tudo da nova amiga, ele me chamou para tragar um baseado[11]. Nem hesitei ou tive medo; confiava nela, que me garantiu que aquilo nem era considerado droga em vários países e que só trazia uma sensação maravilhosa de leveza.

Daí por diante, não parei mais. Iludia os meus sentidos achando que controlava a situação, que estava segura das sensações maravilhosas. Nem percebia que já vivia extasiada no vício. O pior se deu quando os cigarros *baseados* passaram a não mais trazer a mesma satisfação de euforia. Foi o empurrão: passei a cheirar cocaína[12].

Em casa, para que não percebessem nada, distanciava-me: ora trancada no quarto ora fingindo que ia estudar na casa de uma amiga. Mentia e lhes desviava a atenção com extrema facilidade, pois meu pai chegava do trabalho quase sempre tarde da noite; minha mãe adorava ir à igreja e gastava bom tempo do dia se envolvendo nas tarefas fraternas da

[11] **Baseado**: Cigarro de maconha (*Cannabis*) já preparado ("*bolado*"), pronto para ser fumado. Pode ser preparado fazendo-se uso de papel de cigarro desenvolvido especificamente para esse fim, mas também pode ser enrolado em papel de pão, papel de seda, folhas orgânicas de algumas plantas ou qualquer outro invólucro comburente. (Origem: Wikipédia, a enciclopédia livre)

[12] **Cocaína**: Pó branco e cristalino. É um alcaloide, estimulante, com efeitos anestésicos extremamente viciante, extraído da folha de coca (*Erythroxylum Coca*), planta nativa da América do Sul. Pode ser aspirada, fumada ou injetada.

paróquia. Lá no fundo, se eles estranhavam, julgavam o fato de lhes evitar a presença como sendo uma conduta de rebeldia natural da garotada moderna.

Infelizmente para mim eles nada notaram. Não perceberam que a filha crescera e não mais se interessava por certos tipos de presentes ou festinhas; só que crescera transformando-se numa jovem equivocada, sem limites, carregada de ansiedades e inseguranças.

A bem da verdade, não seria justo rotular meus pais como dispersivos ou de descuidados do dever familiar. Nesse sentido, foram responsáveis, honestos e generosos. Acreditavam na boa formação educacional que me davam: matriculada nos melhores colégios e tendo os exemplos de retidão moral deles dentro de casa. Penso que até para não parecerem "caretas" ou demasiadamente controladores é que me davam espaço para desenvolver vínculos, escolher amizades e frequentar ambientes apropriados para a juventude. Certamente, entendiam ser esse um bom recurso para exercitar minhas emoções de convívio social, onde poderia compartilhar ideias, aceitar diferenças e fortalecer o meu caráter.

Em casa não havia aquelas célebres proibições injustificáveis. E quando me convocavam para alguma conversa mais séria do tipo "lá vem bronca", eu bolava um contra-argumento desculpável, fazia promessas, um agradozinho interesseiro e eles logo flexibilizavam no castigo e tudo "ia pra faixa", isto é, engoliam as justificativas e maneiravam nos corretivos. Julgava-me muito esperta. Não percebia, porém, que destruía, de forma lamentável, os valores sagrados da verdade e da confiança no seio da família ... E, no mesmo rumo, não enxergava que não fazia amigos, e sim, no máximo, cúmplices de hábitos e tendências ruins. Só mentia e mentia. No fim, dava-me ao desplante de ficar irritada se me cobrassem qualquer satisfação. A ingratidão e a rebeldia tomaram conta de mim.

Antes da droga, tudo suave, simples e maravilhoso: bons amigos e pais incríveis. Na realidade, só hoje entendo que tinha pais incríveis e por demais amorosos. Não faziam o tipo dominadores, intransigentes, castradores, neuróticos; do jeito deles, procuravam me poupar de qualquer frustração ou situação aflitiva. Nunca os vi brigando ou discutindo alguma contrariedade de família num tom mais agressivo. Almejavam a minha felicidade. E, acima de tudo, se podiam, raramente me negavam a satisfação de um desejo.

Para ser sincera, desde cedo não conheci, como muitos, a dor de querer e não ter. No entanto, retribuía todo o bem que recebia com indiferença, arrogância e muita irresponsabilidade.

Flávia faz uma pausa. Seus olhos se enchem de lágrimas que não chegam a cair. Sirvo-lhe água e ela retoma a fala:

Perdoem-me pelo desabafo! É justo que saibam dos meus pais zelosos, cumpridores dos seus deveres e que fui eu, e somente eu, a responsável pelo desmoronamento da nossa estrutura familiar, que, antes de todo o mal acontecer, vivia em harmonia e carregada de muito amor. A! Como me arrependo por ter lhes fraudado os sentimentos fraternos, excedendo limites e liberando instintos precipitados; muitas vezes aproveitando do dinheiro que me davam para delinquir e, principalmente, para que não me faltasse a maldita droga.

Nas raras vezes em que tentei refletir sobre a vida que levava, nem de longe me aproximei do sentimento de agora: cheio de compaixão, de arrependimento, de ternura filial. O que vinha não passava de uma sensação de tédio, de vazio, de desencantamento, de total ausência de motivação ... Não havia rumo, só o tormento do raciocínio estreito, sem razão, fazendo-me investir contra tudo que não se encaixasse na preferência dos meus instintos, incluindo aí o lar, que talvez fosse a luz no final do túnel para minhas aflições, a saída libertadora.

Flávia faz outra pausa. Desta vez, mais longa. Pesa-lhe na consciência a recordação da falta de discernimento no início de tudo. Seus olhos voltam a se encher de lágrimas que outra vez não chegam a cair. Ela suspira fundo e volta ao assunto:

Desde pequena, como já disse e devem imaginar, tive uma vida com grandes possibilidades para dar certo: as melhores escolas, os melhores professores, bons recursos financeiros, saúde, um lar honrado e abençoado por Deus. Estranhamente, apesar de tudo, algo pulsava diferente dentro do meu coração. Sempre fui inquieta e impulsiva; havia uma espécie de revolta, sem causa, que dormitava em mim e, a qualquer momento, poderia entrar em erupção como um vulcão. Foi o que aconteceu.

Hoje eu sei que a presença da Mara Flores foi apenas o meio que encontrei para me permitir liberar minhas tendências infelizes. Ela mesma nunca teve lá suas respostas... Creio que também vivia apavorada e o que melhor sabia fazer era se esconder nas drogas.

No começo, quando mergulhei na ilusão mental das drogas, entregando-me aos devaneios insanos das sensações desequilibradas e da depredação moral, tinha um pouco de consciência do suplício que aqueles atos me trariam mais tarde, porém vendia-me a ideia de que poderia encontrar, antes da queda, as respostas dos conflitos internos que vivenciava; respostas legítimas, sem entrelinhas, que compensassem o risco da experiência por algo que jamais encontraria em casa, na escola ou na igreja. A meu ver, lugares cheio de regras e conceitos sociais ultrapassados. Na realidade, seriam justamente esses os lugares que me enriqueceriam os sentimentos e me impediriam de tombar no erro.

Depois de outro suspiro profundo:

É muito fácil encontrar o caminho de ida. Abrir a porta e entrar. No entanto, logo se fica sozinho num deserto obscuro, inclemente e sem refúgios; a sede nunca passa e o que se encontra são apenas vertigens. Lamentavelmente, atravessei a porta e fiz várias "viagens" nesse mundo sombrio, que propicia não só euforia e delírios, mas também uma coragem alucinada, capaz de desencadear grandes tragédias. Um mundo íntimo, surreal e ameaçador, de onde eu ouvia vozes que ora pareciam querer me trazer de volta; ora pareciam me induzir a ir mais fundo, a consumir mais, até ficar *pirada* e cair entorpecida, semimorta, num canto qualquer.

A verdade é que a droga consome até o que nem possuímos. Não há fé, esperança ou mesmo um pequeno reflexo de dignidade. Tudo é sujo, nojento, degenerativo e melancólico. Ela não abre espaço para mais nada: é o primeiro pensamento que chega no dia e também o último antes do sono te vencer, à noite. Você fica submerso em si mesmo e mal percebe seu corpo corrompido, se autodestruindo... Nada importa, porque já se superaram as fronteiras do permitido e do indevido. É quando se esvai a noção do limite, e as sensações vividas são sempre o reverso do adequado, do lúcido, do bom e do natural. Por fim, tudo à sua volta torna-se estranho, desinteressante, descartável caso não venha sob o efeito de alguma substância alucinógena.

Infelizmente, cheguei a esse estágio e, encorajada pelo uso das drogas, me desvirtuei ainda mais: comecei a namorar um e a ficar com outro. Não existia amor. E pior que o vício, pior até mesmo que injetar veneno na próprias veias, é atormentar sexualmente, e sem qualquer pudor, o próprio corpo. Um ato insano e imoral que rapidamente levou a mocinha descuidada a engravidar. Nada, porém, que a minha parceira Mara Flores, em seu vasto conhecimento da vida, não soubesse resolver para interromper a gravidez indesejada e abortar; o que não foi difícil, visto o meu organismo debilitado pelo uso frequente de cocaína. Só que não aconteceu conforme o esperado, houve complicações e fui, em choque, parar na emergência de um hospital.

Não teve jeito, meus pais descobriram tudo e mesmo envergonhados, tristes e decepcionados comigo foram complacentes. Tão logo recebi alta, procuraram um neuropsiquiatra para me ajudar, e fiz uma bateria de exames. Meus pais, coitados, ao ouvirem do médico o diagnóstico do meu estado de saúde, que apresentava, além de sérias lesões neurais, problemas de arritmia cardíaca e de hipertensão arterial, o que me trazia grande risco de vida, se desesperaram ainda mais. E optaram, seguindo orientação desse mesmo médico, por um tratamento específico e prolongado em conceituada clínica especializada na recuperação de drogados. Lá, participando de um processo *sócio-terapêutico-educativo*, em regime de internato, com acompanhamento vinte e quatro horas, eu iria encontrar novas alternativas de reequilíbrio emocional e de possível cura.

Sem ser interrompida, ela se esforça para passar uma imagem clara e convincente dos acontecimentos.

Quando soube da ida para a clínica, só para piorar, não

me entusiasmei e não quis ir voluntariamente para a internação. E chorava, e gritava, e fazia mil promessas para que me deixassem restabelecer-me em casa, com a família. Não deu certo. Os funcionários da tal "casa de recuperação" chegaram de ambulância e me levaram. Achei horrível, evasivo, humilhante. Tive a nítida impressão de que os vizinhos todos saíram na rua para ver a "viciada" sendo internada a força para tratamento.

Não entendia. Vinha muito fragilizada mentalmente. Jamais conseguiria me abster e encontrar a cura sozinha. E meus pais, mesmo com o coração desmanchando de dor, sabiam que não podiam dispensar aquela solução extrema. Afinal, quem ama nunca desiste do ser amado e sempre acredita haver num final melhor!

Flávia esboça um sorrisinho tímido, diante da sua conclusão sobre o amor dos pais, e prossegue:

Apesar de tudo, a clínica era legal e bonita. Situava-se numa chácara espaçosa e afastada da cidade. Fui bem recebida e gostei do pessoal que encontrei lá: médicos, psicólogos, enfermeiros e cuidadores.

Na "casa de recuperação" não procurei nenhuma desculpa para não colaborar. Participei de todas as tarefas e rotinas assistenciais do tratamento. O primeiro passo foi suportar a abstinência camuflada e, para isso, tomava medicamentos fitoterápicos para conter os sintomas. Depois ingressei em dinâmicas terapêuticas para desintoxicação, fazia meditação, canto e exercícios de dança. Por fim, veio o processo de ressocialização, em que se procurava, mediante longas conversas, fazer com que eu resgatasse a afetividade e o respeito por mim mesma e pela família. Toda a metodologia aplicada tinha o propósito de fortalecer a minha autoestima, o que, segundo eles, refletiria positivamente no meu comportamento e convívio social.

Neste processo de recuperação passei seis meses e, enfim, voltei pra casa.

Lembro da volta: meus pais não foram nada discretos nem sigilosos. Fizeram uma festa na minha chegada. Estavam todos lá: tios, primos, amigos e vizinhos. Fiquei constrangida, mas vinha medicada e, por mim, recuperada. Estava "limpa". E o meu desejo ali, naquele instante, era de voltar a estudar, ter somente bons amigos e construir um futuro melhor, digno e respeitoso.

No entanto, para o dependente químico, nada muda de um dia para outro. Ainda que se pense estar pronto para recomeçar, há sempre um pensamento martelando fixo e compulsivo a te desafiar.

E foi assim! Dois meses após ter recebido alta, caí em depressão. Não chorava nem sorria, ficava pelos cantos, apática, sem apetite e desejo de viver. Não havia explicação lógica, pois já fazia oito meses que possuía o organismo limpo, desintoxicado, então por que esse comportamento autodestrutivo crescendo e tomando conta da minha alma? Inclusive com momentos de pânico e de vontade de me suicidar.

Meus pais, mais uma vez, se preocuparam muito. Com o passar dos dias e a piora da situação, por orientação psicológica, resolveram afrouxar um pouco a vigilância sobre mim. Concluíram que o convívio mais solto com outras pessoas de mesma idade, um namorado, talvez, pessoas de bem, com bom caráter e equilíbrio moral, resgataria a minha motivação de viver e, com isso, a alegria me voltaria aos olhos. Ledo engano! A própria sociedade marginaliza e se posiciona a distância; pensam que dessa forma previnem-se do contágio do que julgam irreversível. Infelizmente, estão quase sempre certos. O uso de drogas por tempo prolongado nos torna diferentes das outras pessoas; sentimos e reagimos diferente. A subconsciência do drogado vive à beira do abismo da demência e é irrequieta diante da vontade alucinada de reconduzir os instintos na direção dos efeitos ilusórios de antes, que, tão somente, estão ocultos dentro de si, mas prontos para borbulhar a sua essência vertiginosa a qualquer momento.

Faltaram-me forças!

Aprisionada no anseio atroz da satisfação doentia, aproveitei outra vez mal a liberdade que ganhei e me aproximei de novo das pessoas erradas. Desta vez, recaí com muito mais voracidade que antes.

Todavia, o novo estágio naquele mundo insano foi rápido e trágico. Passei a não só inalar como também a injetar o "veneno" nas veias. Como as minhas defesas orgânicas já vinham bem fragilizadas, não suportei os efeitos duplos de uma "dose" maior e acabei morrendo, ou melhor, desencarnando, que é como se diz por aqui.

Do momento específico, pouco antes da morte, recordo-me bem da fadiga intensa, da taquicardia, da dificuldade para respirar. Depois da ambulância, da aflição no hospital e, por fim, de todas as luzes se apagando. E nada mais!

Flávia repete o intervalo da pausa. Só que não retém mais as lágrimas:

Desculpem-me, foi impossível segurar a emoção. Ainda me é bastante doído relembrar a calamidade que causei a mim mesma. E eu não quero abusar da paciência de vocês, por isso já estou terminando. Só tenho uma coisinha a mais para acrescentar.

Enxuga o rosto, usando o punho do casaco, e conclui:

Hoje, depois de amparada por todos vocês, sinto-me bem melhor; consigo saber quem eu sou; consigo entender o que fiz, o que prejudiquei no meu corpo, no meu emocional, no meu Espírito. E isto representa muito pra mim. É maravilhoso pensar com lógica, entender e assumir os defeitos e encontrar ombros amigos que lhe respeitam o caráter danificado e ainda se proponham a ajudar.

Sei que não estou totalmente curada e livre desse mal. Trago ainda resíduos tóxicos no meu corpo, mesmo aqui, nesta dimensão. Acredito, contudo, que são consequências temporárias, que logo resgatarei minhas qualidades e nunca mais me sentirei desnorteada por algo tão vil quanto as drogas.

Serei novamente eu, digna, limpa e conduzida somente pela verdade pura de Nosso Senhor Jesus.

Obrigada!

III - Retrospecto conflitivo

Terminada a narrativa, com os alunos em silêncio, certamente divagando na comoção do que acabaram de ouvir, tomo a palavra:

– Bom! Está ótimo por hoje. Agora a nossa convidada, conforme dissemos no início, precisa regressar ao alojamento onde permanece hospedada para descansar. Quanto a nós, vamos continuar na sala de aula, procurar revivescer a memória dos fatos que ouvimos e abordar alguns dos trechos importantes do relato dela.

Paro com as considerações aos alunos e volto a Flávia:

– Você está bem?

– Sim, professor! Um pouco cansada, talvez por ter-me emocionado um pouquinho no final, mas já estou mais calma.

– Ótimo! Você foi muito bem e segura. Não é fácil falar das próprias experiências sem deixar-se impressionar pelos sofrimentos que ocorreram.

– Obrigada, professor!

– Nada disso! Nós é que agradecemos. Creia, você nos forneceu um material didático e verídico, precioso para os nossos estudos e aprendizados. Como há outros cometimentos na sua história que nos pode enriquecer de conteúdo ainda mais, amanhã, caso esteja disposta, podemos continuar.

– Poderemos sim, com certeza! – responde-me com a boa e impetuosa convicção juvenil que possui.

Nisso Rosália, que já aguardava pacienciosa próximo à

porta, adentra a sala e, vindo na minha direção esboçando amável sorriso, comenta com humor:

– Professor Alexandre, não adianta nem se lastimar ou altear as sobrancelhas fazendo aquela expressão de ressentido para ver se comove o meu velho e calejado coração, porque preciso e, por isso, vou lhe roubar a Flavinha. Não insista! O tempo é limitado e o seu a ... ca ... bou.

– Chegou atrasada, Rosália, – retruco sorrindo – já terminamos por ho ... je.

Ela, espalhando o olhar pela classe, arremata num tom ranzinza carregado de indisfarçável bondade:

– Hum!!! Tudo bem, então... Amanhã é outro dia. Vamos ver se ela volta.

– Volta sim! – responde a turma em coro.

– Rosália sorri! Pega a Flávia pela mão e saem as duas da sala.

Findo o breve e delicioso momento de descontração, é hora de atentarmos aos elementos do estudo.

Volto-me aos alunos e à aula.

– Pois bem, diante das informações que temos, chegou a hora de trocarmos ideias sobre as impressões que conseguimos colher dos relatos iniciais da nossa amiga. Antes, porém, é preciso reafirmarmos um alerta natural de ampla valia: não nos cabe aqui julgar a ação cometida, e sim extrair dos fatos lições que contribuam para o fortalecimento do nosso aprendizado.

– Portanto – continuo – vimos que na breve jornada terrena da Flávia, onde, mesmo se encontrando num lar confortável, ao abrigo afetivo dos pais, longe das misérias e das amarguras sociais, a sua existência física se curvou para um cenário carregado de tormentas, desequilíbrio, quedas e tristezas. O caminho com possibilidades de ser atapetado por rosas, findou-se abarrotado de pedras. Qual seria a explicação para essas atitudes, a princípio injustificáveis e que somente contribuíram para sua frustração reencarnatória?

Gabriel, jovem de vinte e seis anos, sempre atento, asseverou:

– Professor, na fala da Flávia, ficou evidente como amizades ruins afetaram negativamente o seu comportamento. Muitas das vezes, é através das amizades ruins que transgredimos as nossas convicções.

– Também penso assim, professor Alexandre, – atravessa Ednalva, uma das muitas senhoras de idade mais avançada da turma – e ainda adiciono ao fato das más companhias, que o Gabriel citou, uma boa dose de imprevidência dos pais, que deveriam estar mais vigilantes quanto aos amigos e às tendências da filha.

Tobias Alberto levanta levemente o braço. Passo-lhe a palavra e ele pergunta, com inteligência:

– Poderia o comportamento que leva ao transtorno das drogas proceder de conflitos íntimos relacionados a uma existência anterior? E, talvez, a presença de amizades ruins ou mesmo de pais imprevidentes ser apenas o formato das provas constituídas pela Espiritualidade Superior para quitação ou não de débitos contraídos?

Adianto-me a outras possíveis avaliações e questionamentos e pondero:

– Penso que já temos um panorama de observações bem configuradas para o assunto de hoje. Vamos por parte, apesar de que as questões levantadas se inter-relacionam e foram muito bem apontadas por vocês.

Satisfeito pelo interesse participativo dos alunos, começo:

– A adolescência é um período de transição da vida infantil para a vida adulta; uma passagem que não é tão simples e suave como se imagina, pois representa mudanças drásticas impostas pelos hormônios, provocando transformações biológicas e psicológicas que desencadeiam, juntamente com as modificações corporais, uma série de novos sentimentos e sensações emocionais que afetam a personalidade e põem em risco o comportamento pré-juvenil. É comum, nessa fase, observar diversas e variadas reações no adolescente: agressividade, desconfiança, isolamento, alienação familiar. E, sobrepondo-se a tudo isso, uma ânsia desmedida de se tornar adulto, que vem do próprio espírito milenar, retido nas fortalezas do inconsciente, querendo se libertar do casulo infantil. É nessa hora que, muitas das vezes, precipitados, imitam os costumes dos mais velhos; copiam o estilo de vida dos ídolos que adotam e vão, se aventuram, curiosos, no sexo prematuro, no álcool, nas drogas, gerando dependências infelizes e longos períodos de sofrimento. Não é raro, depois do acontecido, verificar que tudo teve início numa roda de amigos, geralmente jovens, que, ansiosos, imprudentes e despreparados, foram incapazes de lidar com o desafio de seus conflitos internos e se refugiaram na "cultura das drogas", que segue em voga na Terra, devido ao alto interesse financeiro pernicioso dos traficantes.

Aproximo-me do aluno que se posicionou primeiro:

– Tem toda razão, Gabriel, as amizades impróprias consistem numa via de acesso perigosa para o mundo impiedoso das drogas. Um mundo sem arrastamentos compulsórios, no entanto, mesmo sendo de incursão voluntária, é quase irreversível o retorno, pois o que se tem pela frente é um labirinto de horror com longo trajeto de sofrimento para encontrar a porta de saída. Essa tragédia deve-se, em grande parte, às más companhias, principais agentes promotores do mal, que chegam na pele de falsos amigos e se infiltram sorrateiros nos grupamentos familiares, passando a instigar a curiosidade descuidada dos pretensos iniciantes do vício; e depois, já que o processo de viciação é lento, a estimulá-los à repetição, até que, finalmente, perdem-se na busca enganosa de prazeres e de emoções carregadas de miasmas pestilentos.

Tomando o suporte de um provérbio bíblico, prossigo:

– "Anda com sábios e serás sábio, sê companheiro dos tolos e sofrerás aflição"[13]. As pessoas que impelem o próximo ao desequilíbrio moral, incitando-o no caminho do mal e da perdição, é certo que terão enormes padecimentos no futuro, onde se obrigarão à necessidade cármica e provacional de se corporificarem de novo no planeta, muito provavelmente ao lado de quem favoreceram à precipitação no abismo do erro, da dor e da desesperança. É óbvio que, nessas circunstâncias, a pessoa que se permite a queda, transgredindo as próprias convicções, carreia a si uma carga grande de responsabilidades reencarnatórias. Portanto o que se tem no caso dos efeitos

[13] Provérbios 13:20

drásticos produzidos por amizades ruins são duas estradas de rumo nebuloso: a primeira apontando para lições de refazimento; a segunda para lições de resgate.

Rápida pausa e volto ao tema:

– Uma reencarnação descuidada fatalmente acrescenta outras levas de compromissos aos que já se tem acumulado. A esse fato também se ajuntam aqueles com quem se partilha a marcha terrena. No caso em questão, os pais que, dentro do contexto familiar, representam o abrigo divino para que o filho, no reinício inseguro de nova jornada evolutiva, possa desenvolver e fortificar os impulsos do amor que vigoram no universo íntimo de todo e qualquer ser humano.

– Neste ponto, Ednalva, – volto-me à outra aluna – é muito comum ver pais, na missão de primeiros educadores, um tanto confusos e incapazes de discernir e entender, diante das múltiplas e variadas explosões de emoções e temperamentos de seus filhos, a quais dos conflitos íntimos estão eles mais propensos a sucumbir.

– E é aí que mora o perigo – reforça Ednalva.

– Sim! Atualmente crianças e jovens, independente da classe social à qual pertençam, têm-se envolvido cada vez mais cedo no mundo de ruína previsível das drogas. No início, diante de descontentamentos insignificantes e até ingênuos, buscam apenas estabelecer vínculos sociais com pessoas que julgam inovadoras, modernas, e ao mesmo tempo, diferentes do seu grupo familiar. É aí, Ednalva, que os pais se perdem, pois que imaginam ser essa atitude tão somente uma postura precoce de amadurecimento psicológico. Algo natural. Nada muito além do desejo de constituir outras relações interpessoais de convivência coletiva; nada que fira o bem-estar ou que altere os bons costumes de seus rebentos. Convencidos disso, afrouxam a vigilância; o que, sem dúvida, deixa os filhos vulneráveis às pressões diárias dos modismos da sociedade, onde a droga sempre se encaixa bem.

E asseguro à classe:

– Infelizmente, é nessa interação social aberta, com pais dispersivos, descuidados ou flexíveis demais com o seu dever, que surgem as brechas morais para a prática de ações reprováveis dos filhos, entre as quais o suicídio lento e agonizante provocado pela toxicodependência. Para que tal fatalidade não aconteça, autoflagelando todo o conjunto familiar, os genitores, em vista da concessão de liberdade necessária aos filhos, precisam, de forma saudável, ou seja, sem proibições injustificáveis, impor limites, se assegurando, contudo, do cumprimento da confiança concedida. O que não significa invadir lhes as fronteiras do respeito e da intimidade emocional, mas sim, sem atitudes puritanas ou mesmo de superioridade que muitos pais utilizam, observar-lhes o comportamento cotidiano, o nível da autoestima, a natureza das diversões que praticam e, principalmente, as tendências éticas dos amigos de preferência. E sempre, mesmo que não deflua nenhuma desconfiança, deve-se passar aos filhos, mediante exemplo próprio e conversação sincera, valores de estrutura espiritual, que, mesmo demorando algum tempo, é certo que aflorarão no coração do jovem bem orientado.

Desejando reforçar a noção de responsabilidade dos pais, acrescento:

– É de suma importância que os pais, quando na busca e nas escolhas pessoais dos filhos não interfiram, porém se façam presentes participando com aconselhamentos e lhes sustentando as decisões no caminho correto, que é sempre aquele onde preponderam os ensinamentos libertadores de Nosso Senhor Jesus Cristo.

Depois de uma pausa maior, já procurando arrematar as dissertações do dia, dispenso atenção aos últimos questionamentos que foram feitos:

– Pessoal, estendendo o raciocínio e tomando por base o que fora pontuado pelo Tobias Alberto, deve-se considerar primeiro que a família formada por pais, filhos e parentes próximos agrega, em si, espíritos de diversas procedências, dos quais alguns são simpáticos e outros estão ali na condição de possíveis cobradores de débitos passados. Sendo assim, é compreensível tê-los criando perturbações. Ocasionalmente, no intuito inconsciente de atingir o reduto doméstico, colocam-se em situações aflitivas e se precipitam nas drogas, no álcool, na criminalidade, sucedendo para os membros da unidade familiar um grande desafio de amor para vinculá-los a melhor trajetória moral.

Aprofundo o entendimento:

– Numa visão mais abrangente dos impulsos torturantes que levam aos vários tipos de viciação, devemos considerar que há sempre uma sobrecarga mental obsessiva repercutindo no campo *psicobioenergético* do dependente. O fator comum é o padrão de frequência vibratória baixa, originado de pensamentos equivocados, que favoreçam a conexão com faixas energéticas semelhantes, estabelecendo sintonias indevidas e a quase imediata imantação a criaturas que vagueiam pelo plano astral arraigadas ainda a sensações entorpecidas de libações tóxicas. Criaturas essas que se valem da simbiose fluídica para conseguirem se impregnar das mesmas emanações alucinógenas de quando se faziam portadoras do veículo de carne. Portanto, tudo farão para que seu consorciado de momento não abandone o vício; o que se torna um enorme dificultador ao esforço e devotamento dos genitores para despertar no ente amado a lucidez mental, pois que cabe em maior parte a ele, na posse do livre-arbítrio, fortalecer, em si, a vontade de autossuperação e depois não mais se permitir arrastar pela indolência, pela revolta, pela inutilidade, que são caminhos sombrios e certos para o desvario no vício das drogas, e consequente derrocada reencarnatória.

Após intervalo mais longo para que os alunos possam transcrever algumas anotações do que fora até então comentado, prossigo:

– Em circunstâncias outras, e não tão raras, pode ocorrer também a predisposição genética espiritual para dependência. De efeito cármico provacional, nada mais é que o adensamento na memória emocional e mental do corpo sutil do espírito de traumas e situações já vivenciadas e não totalmente resolvidas no passado que sobrevêm no presente. Como não se pode fugir por tempo indeterminado do próprio enfrentamento no roteiro das vidas sucessivas, o que se cumpre é um mecanismo de ajuste promovido pela Espiritualidade Maior, ocasionando ao reencarnante, na envergadura de nova vestimenta física, resvalar nas mesmas situações conflitantes de antes e, sendo ainda este portador de sintomas, resquícios e tendências pretéritas, ter nova possibilidade de corrigir erros, superar transtornos e encontrar soluções para extirpar de si o germe de inferioridade que o impede de abrir espaço para aspirar a lições melhores para a felicidade real.

Vendo variadas expressões de entendimento nos olhares atentos dos alunos, procuro lhes favorecer um pouco mais os ângulos da aprendizagem sem, contudo, fatigar a capacidade intelectiva de cada um.

– No trato desse assunto, veremos que não há como generalizar ou mesmo catalogar a natureza do desequilíbrio que leva ao tóxico. Cada caso de viciação exige avaliação particular e individualizada. Temos dependentes químicos que trazem no corpo áurico distúrbios de emotividade determinados por pensamentos e sentimentos não só de revolta, rebeldia, curiosidade ou resgate cármico, mas também de carência, melancolia, baixa autoestima. Há até os que, possuidores de teor mediúnico favorável, não despertam para o compromisso do trabalho edificador e sofrem toda sorte de intoxicações, enleados nas sombras dolorosas da obsessão.

Enquanto a turma pondera mentalmente ou atravessa conversações rápidas referentes aos conceitos repassados, resolvo seguir com a fala visando ao retrospecto geral do que foi dito e agregando, mediante autorização específica da reitoria, maiores informações sobre a convidada.

– Como podem observar, o vício resulta de vários e complexos registros de condutas insultuosas refletindo no organismo *psicofisiológico* da criatura humana. No que diz respeito a Flávia, nossa ilustre nova amiga, pude, com permissão Superior, acessar a gênese divina do seu psiquismo e detectar quais energias nutriam e impulsionaram suas ações quando no veículo carnal e que a fizeram enveredar pelo caminho do tóxico. Ela, por enquanto, tem as memórias mais pregressas obscurecidas e não guarda lembranças de quando vivia na erraticidade[14] antes de reencarnar pela última vez.

Interrompo para alertar a classe:

– Como essas lembranças, em particular, não foram ainda

[14] Erraticidade: Termo adotado para indicar o tempo que o Espírito, terminada uma experiência encarnatória, aguarda para reencarnar-se de novo.

aclaradas à mente espiritual da Flávia, devemos absorvê-las como elemento complementar de estudo, porém preservando rigoroso sigilo para, e principalmente, não lhe ferir o estágio de recuperação da saúde e constrangê-la perante nós. Dessa forma, garanti ao Reitor que só repassaria tais informes à classe se obtivesse de todos vocês o compromisso do respeito, do entendimento e da comiseração; e que não teceriam em lugar nenhum, mesmo aqui em sala de aula, comentários sobre essa parte do assunto, embora possam entender não serem depreciativos. Conto com vocês?

– Sim, professor! – todos respondem.

– Pois bem! Flávia, quando de sua passagem anterior pela erraticidade, perambulava na esfera astral na condição de mera indigente, por ter, antes do túmulo, apenas dado vazão a sentimentos de vaidade, mesquinharia e cupidez. Não lhe havia, porém, sobrecarga de compulsão química viciosa no organismo, tão somente reflexos dos impulsos imorais devido ao lamentável apego ao luxo que vinha das facilidades e favores que obtinha em razão da beleza exuberante que possuía. Desencarnara, nessa ocasião, ainda jovem, de um incidente cardiovascular. No entanto, do lado de cá, a sua herança de desvio comportamental seguiu refratária a toda reversão benéfica oferecida, e se manteve emaranhada no desejo de repetição dos prazeres superficiais a que se vira aficionada quando na carne. Nesse rumo, mantendo a índole delituosa, uniu-se voluntariamente a entidades viciadas e malfazejas que conhecera no mundo extrafísico e passou com eles a desenvolver outros hábitos e tendências piores. É o que se chama de reflexo mental do movimento anterior, que geralmente aflora ao se ingressar num ambiente psíquico novo ou diferente, entretanto propício aos mesmos condicionamentos internos de antes. Basta, para esse fim, anestesiar a razão e seguir os impulsos. Foi o sucedido com nossa irmã, que, consorciada negativamente, logo aprendera como acoplar o seu perispírito à aura magnética de encarnados presos aos caprichos lascivos da sensualidade ou ao uso de drogas e a absorver deles os miasmas dos substratos dos alucinógenos que expeliam. A luxúria logo cedeu espaço às experiências sensoriais dos entorpecentes. Tornara-se uma toxicômana, que tinha se drogado pela primeira vez depois de ultrapassar as fronteiras da morte. Como o perispírito é um campo bioenergético parapsíquico que acompanha a criatura humana no trespasse interdimensional da vida, seja quando na vinda ou na ida para a esfera física, preservando e transferindo para as células do organismo mental as influências fluídicas boas ou más nele irradiadas, Flávia, de volta à carne, passou a sentir e a conhecer o poder real e autodestrutivo desse mal.

Atônitos, contudo bastante interessados nos últimos apontamentos, a turma aumenta o nível do silêncio e da atenção.

– Quando Flávia – prossigo com as considerações – volta à carne, infelizmente suscetível aos tóxicos porque traz, em si, o desejo compulsivo que ficara gravado em seus escaninhos perispirituais, a aproximação de amizades impróprias, somada, talvez, à falta de perspicácia dos pais, constitui apenas elementos de condução provacional para o despertamento ou não dos seus impulsos de compulsão viciosa; o que se fez depois num nascedouro de dramas imprevisíveis.

Por fim, concluo:

– O reduto familiar é a melhor escola de formação para a vida. É nessa escola que os pais têm papel fundamental, não só como provedores de afetividade fraterna, abalizados na assistência protetiva do lar, mas como educadores atentos, dedicados e renovadores, que não se desgarram da tarefa de direcionar os *filhos-alunos* no ajustamento conflitante da infância para a mocidade, equilibrando-lhes o conhecimento, o entusiasmo pelos prazeres lícitos, o trabalho útil e o respeito a si e aos outros, fazendo que, com isso, alcancem a madureza íntegros de dignidade e retidão moral. Para depois, em tempo próprio, repassarem suas experiências bem alicerçadas de virtudes e sentimentos nobres à prole, que lhes deverão ser associadas na missão de novos direcionamentos positivos, formando, assim, um ciclo operante do amor em expansão conduzindo para a aquisição plena da felicidade.

IV - E o que vem depois

Na beleza de renovada manhã de sol impondo-nos o sorriso de gratidão à vida, e já perto do início da aula do dia, posso sentir a expectativa da classe para quando da nova visita da Flávia. O fato é que não só a história real acontecida ou as considerações em torno do assunto, mas também o jeito meigo e a palavra dócil e fluente, que davam singular encantamento à jovem, conquistaram a todos.

Ela chega no horário combinado. Vem acompanhada por Rosália, cumprimenta-me delicadamente e, após, volta-se erguendo os olhos para a turma:

– Bom dia a todos!

– Bom dia! – respondem igualmente.

– Seja bem vinda, Flávia! – digo, representando os alunos. – Você parece melhor disposta hoje. Com certeza, mais confiante e animada do que ontem.

– Peço a Deus que sim, professor! No entanto, estou um pouquinho temerosa de não conseguir me expressar bem, confundir as lembranças, tropeçar nas palavras... fazê-los perder tempo comigo. Coisas desse tipo.

– Fique tranquila! – contra-argumento – É natural o desconforto. Como lhe havia dito antes, o importante é você abrir o coração e ir até onde a sua mente queira e lhe permita recordar. As palavras têm relevância secundária diante do sentimento e pelo que é verdadeiro o tempo nunca é gasto em vão.

Ainda que um tanto tímida, sorri. Rosália se despede e

ela me pergunta se pode começar: sinalizo com a cabeça o consentimento.

Ela, a princípio, silencia por um tempo. Esperamos, pois que ora baixinho enquanto reintegra à mente as antigas imagens desventurosas por que passara. De inesperado, brota-lhe dos olhos um brilho enigmático encantador. É quando, por fim, começa a narrativa da desdita pessoal e segue do ponto que considera importante rememorar: propriamente quando, distante das venturas celestes, desperta para o mundo dos espíritos numa região afundada em vibrações inferiores.

Havia uma chuva fina e muito fria que caía sem trégua formando poças e atoleiros nas vielas e travessas de terra enlameada por onde eu andava. O vento incessante e igualmente gelado cortava impiedoso o meu corpo fatigado de dor, que vinha já desfigurado, malcheiroso e desesperançado. Ansiava por um abrigo para descansar, um local qualquer para me ocultar da chuva e das rajadas de vento. Não tinha a menor ideia do lugar em que estava, ou das horas que seriam. Perdera a noção de rumo e de tempo. Sabia apenas que tudo era denso, desconhecido e tenebroso... o medo atemorizava.

Esforçava-me para compreender o que se passava comigo, mas os pensamentos não se fixavam na cabeça; todo raciocínio mais ou menos lógico que chegava logo se dissipava em razão do pavor que me absorvia. Até tentei gritar, pedir socorro, mas a voz não saía; ou quando saía, depressa se perdia diante dos calafrios que iam e vinham contorcendo meus nervos e me torturando os sentidos.

Olhava para cima, procurando o céu, no entanto só percebia uma névoa cinzenta esvoaçando pesadamente pelo ar e trazendo um cheiro de podridão horrível. Tudo sufocante. Guardava impressão de que a qualquer momento eu poderia desmaiar, porém creio que o instinto de sobrevivência me sustentava de pé para prosseguir andando até encontrar a saída ou, no mínimo, um lugar menos atormentado.

Valendo-me apenas dessa resistência instintiva, eu não cerrava os olhos. Foi assim, com a visão petrificada e embaçada pelo aguaceiro e pelo frio intenso, que enxerguei não muito longe várias montanhas; todas pontiagudas e escuras, entranhadas de musgos e limos, circundando por todos os lados aquele lugar grotesco, deixando o local isolado e intransponível.

Uma visão aterradora... O que deveria ou poderia fazer? Por um ou dois minutos, acho que fiquei paralisada, assombrada e incapaz de me mexer. Por fim, algum pulso de raciocínio lógico chegou à consciência e decidi me abrigar, me esconder. Andei, escorregando aqui e levantando ali, em meio à enxurrada podre, na direção do paredão de pedra.

Por sorte, não sei bem quanto tempo depois, encontrei, entre as gargantas das rochas, uma pequena cavidade, quase seca, e lá me alojei torcendo para que o espaço não fosse habitado por ninguém. Temia ser maltratada, enxotada, porém não tinha mais para onde ir; precisava arriscar e, então, permaneci ali.

Nunca tinha me sentido tão desprotegida, tão sozinha. Apesar disso, quem sabe, não fosse tudo aquilo apenas um sonho ruim, um pesadelo; logo eu acordaria no meu quarto e estaria deitada na minha cama... Era para lá que eu sempre ia quando a vida real me ficava inflexível, monótona e estressante.

Agarrada àquele inútil fio de esperança, fiquei ali. Conservei-me quieta no abrigo improvisado, vislumbrando acordar com o sol na janela, ou com a minha mãe batendo na porta ou até mesmo com a buzina estridente do carro velho do vizinho.

Passaram-se horas, talvez dias e noites inteiras. Não me lembro do tempo em que fiquei imersa naquela gruta embebida num sono intoxicado de imagens repugnantes e confusas.

Quando melhor dei por mim, a chuva tinha passado. O frio e o vento continuavam enregelados, e a névoa densa prosseguia recobrindo a atmosfera. No entanto, apesar da pouca penetração da luz natural, pareceu-me que era dia, provavelmente um longo e sombrio fim de tarde, pois que algumas rajas de sol se fundiam com as nuvens grossas refletindo a cor avermelhada por toda a região.

Meu coração deu um salto quando meus olhos se acostumaram com a luz irregular e eu realmente vi, com maior nitidez, o lugar tenebroso que me absorvia nas suas entranhas.

Levei a mão no peito e gemi sentidamente...

Que alucinação tormentosa seria aquela? Onde estava? Por que não volto, não acordo?

Perguntas tolas, porém eu ainda não reconhecia a minha eminente condição de morta. Tinha sensações e continuava assimilando as mesmas reações físicas e mentais de antes, na carne. A única coisa realmente desigual era o pesadelo interminável.

Assim, remoendo a própria incompreensão, notei que me encontrava numa laje mais elevada e confinada numa espécie de fenda, um buraco rochoso com lixo em decomposição até a metade. Dessa posição mais no alto do morro, pude distinguir os detalhes daquele mundo de suplícios.

As montanhas pontiagudas, na verdade, eram penhascos bem altos e íngremes de um lado e doutro e se estendiam por quilômetros, dando a impressão de que no final se fundiam num único paredão. Entre os dois paredões, abria-se um vale estranho com solo enegrecido, irregular e barrento; recortando o vale um córrego estreito de águas embaçadas e pesadas, que corriam lentamente através dos musgos, troncos, pedras e árvores retorcidas, a maioria delas sem folhas.

Apoiando-me melhor no parapeito da laje, continuei examinando, assustada: ladeando o riozinho, espalhadas aqui, ali e acolá, tinha várias cabanas feitas com pedras apinhadas e sobrepostas. Os telhados eram de capim ressequido. Não existiam janelas ou vidros, mas quase todas as cabanas traziam chaminés fumegando borrões de fumaça, indicando que alguma atividade acontecia no seu interior.

Estranhas moradias! E pessoas também estranhas ora entravam ora saíam das cabanas... E muitos outros aguardavam do lado de fora como se estivessem na dependência de alguma encomenda que logo chegaria.

Meu corpo formigava de câimbra, mas, alertada pelo medo, eu não me mexia.

Havia muita gente. Uma multidão. E a grande maioria, feito zumbis, perambulavam desarticulados se atropelando pelas trilhas de chão pastoso; uns, enfurecidos, blasfemavam qualquer coisa, outros, gemendo ou chorando desoladamente, pediam socorro e compaixão.

Não conversavam muito entre si, mas o som de todas as vozes juntas, lamuriando-se ou gritando, ecoava por todo o vale fazendo um barulho tenebroso e ensurdecedor. Às vezes, parecia que o vozerio ia longe no horizonte; noutras, que estava a poucos metros de mim.

Em qualquer dos lados do riacho, tinha pessoas caídas: massas de gente amontoadas umas sobre as outras, a maioria inconscientes e consumidas pelo efeito do uso intenso de alguma substância muito tóxica. Todos ali, sem ter como ocultar, traziam deformidades bem visíveis no corpo: buracos no lugar do nariz, bocas sem lábios, ouvidos segregando pus, vísceras expostas, feridas e hemorragias de diversas formas e tamanhos sangrando e exalando um cheiro horrível de putrefação.

Tudo tenebroso.

Da plataforma que me isolava percebi também a existência doutro tipo de gente habitando o local, não menos loucos, porém andando em bandos, dando a impressão de chefiarem a área. Empunhavam bastões de madeira com os quais batiam nos mais fracos e indefesos. Agrediam e xingavam. Depois da violência inexplicável, cercavam a vítima e sugavam, feito vampiros, os restos dos substratos tóxicos que ainda pudessem conter no corpo.

Vendo aquilo, maior terror se infundiu em mim. Pensei logo em me afastar, em encontrar outro local mais seguro, mas tive medo de sair; medo de que me vissem e imaginassem que estava ali espionando, querendo algo que lhes pertencia. Para piorar, as dores continuavam fortes e não havia ninguém para partilhar minhas presunções temerosas e confusas. Aflita, me desfiz em prantos ... um choro doído, porém abafado para que não ouvissem.

Enquanto chorava baixinho, questionava: Que lugar seria aquele? Por que estava assim? Como cheguei ali? Estaria tendo mesmo apenas um sonho ruim? Uma "piração"[15] por

[15] **Piração** (ou bode): Quando os efeitos da droga trazem uma sensação contrária (desagradável). Ao invés do bem-estar, acompanhado de calma e relaxamento, sentem angústia, temor, ansiedade e vários outros sintomas de estresse (perturbação) mental.

causa do efeito das drogas?

A resposta que veio dessas vagas suposições mentais: precisava encontrar uma porção de coragem em mim e tentar sair dali, abandonar aquele delírio, aquela situação deplorável e insana.

Mas como fazer alguma coisa sem me arriscar, sem me expor ao perigo? Sabia que não podia ficar ali parada, entre as pedras, só observando, assustada. Tinha que arranjar algo, e depressa, antes que também viesse a fazer parte do coro de vozes torturantes e infelizes do lugar.

No entanto, só teria alguma chance caso, primeiro, vencesse a barreira do medo e do desespero que me consumia. Assim, parei de chorar e de dar importância ao cansaço e às feridas; à fome e à sede. Deu certo! Esses impulsos de sobrevivência e de autocontrole trazem um ardor de vida para o meu coração. Começo a refletir melhor.

Espero anoitecer. Quando o breu toma conta e passa a submergir nas sombras as cabanas de pedras e as árvores ressequidas, e a multidão de gente se acomoda pelos cantos, amortecendo o volume das lamúrias, abandono devagarinho o vão protetor da gruta e início a fuga em plena escuridão.

Na ocasião, não chovia e meus olhos se adaptaram melhor ao escuro. Com isso, ia enxergando o suficiente para caminhar, apesar de, vez ou outra, não livrar de um esbarrão:

– Ei! Sua peste! Olhe por onde anda – disse-me um.

– Olá?! Quem é você? Espere! Me ajude! Socorro! – disseram outros.

– Desculpe-me! Sinto muito ... Perdão – se respondi algo, penso que não passou disso.

Quando tropeçava, o tremor invadia todos os membros do meu corpo. Tinha a impressão das sombras se movimentando. As sombras me encaravam. Desafiavam-me. Em resposta, eu abaixava a cabeça e apertava o passo. Não havia outro jeito, outro caminho.

Seguia ouvindo gemidos e sussurros. Próximo de um dos casebres de pedras, atentei para um grunhido forte e ameaçador, olhei e vi, gigante, uma espécie de cachorro junto a vários ossos roídos... As mandíbulas entreabertas mostrando os caninos enormes e os dois olhos vermelhos, ardendo de ódio, fizeram meu coração disparar. Estava acorrentado, mas se o dono da criatura, por acaso, o soltasse e o atiçasse, seria o fim.

Saí logo dali. Corri, não me importando com os pedregulhos machucando os meus pés descalços. Não podia perder o fôlego, mesmo com o coração batendo acelerado igual a um tambor. E continuava: ora sobre o cascalho, ora sobre a lama. Ainda havia os arbustos rasteiros, carregados de espinhos, que se prendiam e espetavam até a altura das minhas coxas, tornando a fuga noturna sofrida e terrível.

Quando a trilha de cascalho terminava, repentinamente, o chão ficava úmido, e eu, sem perceber, entrava num lamaçal e pisava algo "fofo", com cheiro de decomposição, e me afundava até acima dos joelhos. Desatolava e seguia em frente, embora não soubesse se ia para fora ou mais para dentro do vale.

"O pior de não saber o certo, dizem, é hesitar em não querer saber o certo". Talvez por isso seguia em frente, guardando a sensação de não estar apenas fugindo, mas me salvando. De resto, torcia para estar na direção certa. Tinha de estar! Eu não podia imaginar nada diferente, caso contrário, estaria vencida.

Na ânsia de escapar, de sobreviver, vendia a mim um pensamento constante: este pesadelo não é interminável... vai passar.

Estava "morta" de cansaço. E devia já ter caminhando por horas. Percebi isso quando me dei conta de que a escuridão começava a se desfazer. Fiquei atormentada. Precisava sair daquele redemoinho de horror antes que não me achasse mais encoberta pelas sombras, pois, sem a proteção da gruta, logo perceberiam a minha presença. Não havia mais como voltar.

– Talvez nem se importem comigo! – ponderava: – Não sou daqui! Sou apenas uma garota perdida... Tenho casa... família.

Desde criança, quando sozinha e amedrontada no escuro do meu quarto, tinha o hábito de conversar comigo mesma para afastar os monstros que vinham satisfazer a minha imaginação fértil. Dava certo: os fantasmas sempre ficavam do lado de fora da porta e eu acordava bem no dia seguinte, geralmente, com o sol entrando pela janela.

Ali, no entanto, de nada adiantaria tal conversa íntima compensatória. Fora dessas conjeturas vagas, o céu já se acinzentava em vários pontos ... Morcegos, que lembravam pássaros pré-históricos, sobrevoavam por todos os lados e produziam um ruído estridente, depois iam se alojando em algumas das centenas de locas existentes nos paredões de pedras. Um cenário nem um pouco encorajador.

De súbito, vi luzes acesas. Luzes elétricas! ... Acolhedoras luzes elétricas iluminando enorme casarão. Meu coração disparou!

A edificação não estava tão longe. Mais do que depressa rumei naquela direção. Desejava gritar. Chegar logo. Pedir socorro. A emoção era tanta que não dei espaço para qualquer sentimento de incerteza ou de temor. Seria salva!

Venci a distância. Parei próximo. Não era bem uma casa, e sim uma espécie de quartel, presídio ou sanatório... Tudo cercado por grandes muralhas e com forte aparato de segurança... Infelizmente, não poderia ser nenhum reduto acolhedor.

Entristecida, observei o foco dos refletores, que iluminavam a parte externa da construção, e percebi o que acontecia: uma multidão de criaturas amotinadas na entrada, resguardada por enorme portão de ferro, gritavam blasfêmias e a atacavam ferozmente com pedras, empurrões e pontapés. A fortaleza, porém, ficava imóvel. Não contra-atacava os revoltosos.

Do meu lado, foi uma ducha de água fria. Um desalento. Não havia refúgio, socorro, esperança... E eu não podia mais sustentar o ânimo. Assim, sem forças para reagir, finalmente me entreguei à sorte... Lágrimas doídas brotaram dos meus olhos. Sem amigos, sem parentes, sem amor, e tragada pelo desapontamento da inapelável realidade, passei a aguardar o destino, o minuto derradeiro.

Lembro que fui vagarosamente me afastando do casarão e daquele espetáculo triste e penoso. Já não pensava mais em me esquivar, já não me estremecia de tanto medo, dor ou frio. Tinha a sensação de que nunca mais iria embora dali. Acho que a febre e a loucura do lugar estavam começando a tomar conta de mim.

Num lampejo pálido de raciocínio, e quem sabe me fosse o último, pensei apenas em encontrar um lugar para me recostar, fechar os olhos e dormir. Aproximei-me de uma árvore ressequida e, extremamente cansada, curvei-me com as costas viradas para o tronco carunchado. Quedara-me e não pretendia me mexer mais.

Contudo, talvez em razão da dor instalada por toda parte do meu corpo, eu não peguei no sono e, para não ficar só olhando aquele mundo tétrico e enfermo ou ouvindo o vento açoitando os galhos da árvore em que me encostara, procurei articular algumas palavras na direção de Deus. Tentei primeiro rezar algo que tivesse aprendido no catecismo, mas a minha mente não encontrava as palavras certas da oração, e o que vieram foram somente duas ou três frases do Pai Nosso: "...não me deixeis cair em tentação... livrai-me do mal.... Amém." e, por fim, "Deus! ... me ajude!"

As rogativas eram fracas e desconexas, porém, por outro lado, exercia o meu direito humano de pedir.

Nisso, levanto os olhos para um pouco além de mim e vejo um clarão de luz. Não tão intenso como as luzes do casarão; no máximo, algo parecido com o foco amarelado de uma lanterna.

Se não havia mais nada para me amedrontar, também não havia mais nada para me encorajar, de modo que eu não tinha certeza se queria ou não saber que coisa estranha brilhava ali. Não saí do lugar. Apenas fiquei observando o facho de luz que se mantinha inerte. Não aumentava nem enfraquecia de intensidade.

– Será algo de bom? – perguntei-me.

– Impossível! – respondi-me, mentalmente.

– Mas o que é esta luz? – de novo sussurrei.

Não houve outra alternativa: a curiosidade feminina venceu. Resolvi verificar. Ergui-me do chão e comecei a trocar passos na direção da luz.

A esperança, não sei o porquê, voltou, instantânea. E passei a procurar, entre os curtos reflexos de consciência que ainda tinha, novos fragmentos da oração que tinha feito para suplicar aos céus que me fosse um milagre.

Meus olhos ardiam! Aproximei-me mais...

E lentamente o vulto se afigurou diante de mim. Um rapaz estranho, incomum, envolto num halo fluorescente. No entanto, em nada parecia com um santo: muito jovem, alto, magro e vestia pijama.

O meu primeiro impulso foi de me afastar, ligeiro. Entretanto senti uma vibração diferente, quase de paz, de proteção e de bondade. Então, o meu segundo impulso, mais sábio, foi lhe estender os braços e pedir socorro.

Não me lembro se ele disse qualquer coisa. Estava esgotada e, sem forças para me sustentar lúcida e de pé, terminei desmaiando.

V - Luz entre Sombras

Rapidamente, após a conclusão da narrativa singular da jovem Flávia, e já estando ela liberada e entregue aos cuidados de Rosália, antecipo alguns comentários antes que os alunos comecem a partilhar suas conjecturas pessoais sobre o que acabaram de ouvir.

– Na vida de quase todas as criaturas que percorrem a trajetória evolutiva terrena, estejam momentaneamente no veículo físico ou não, há sempre ocasiões em que uma sombra espessa, carregada de desânimo, dor e tristeza, envolve o patrimônio do espírito, sofreando a vontade de persistir em atitudes nobres, dotadas de virtudes como a bondade, a gratidão, o respeito e o perdão.

Prossigo:

– Uma decisão intempestiva, seja num breve instante de fascínio, de pessimismo, de revolta ou mesmo de luxúria, pode gerar circunstâncias e consequências terríveis, como, por exemplo, a ruína orgânica do próprio corpo, em que nem a morte depois é alívio para o sofrimento irremediável do Espírito. Esto, automaticamente, projeta os efeitos dos danos adquiridos sobre o plexo perispiritual, visto que as estruturas celulares e os compostos sanguíneos, que modelam e vitalizam tanto o corpo físico como o corpo astral, são interativos e se autorrepercutem, pois que são originados de fluxos energéticos correlatos, variando apenas na tessitura fluídica de sua constituição. Por assim serem, se autoafetam, transferindo lesões emocionais e físicas que, dependendo do grau de extensão do malefício, podem levar várias encarnações para se reorganizarem novamente.

Concluo os apontamentos preliminares:

– Diante do que se observa no relato de hoje da nossa irmã, durante sua desorientada estadia naquele sítio de extremo suplício, assalta-nos a impressão angustiante de que esse reduto de almas pulverizadas de ódio, incompreensão, egoísmo e rivalidade, aniquilam, em si, qualquer sentimento de esperança ou de algum esforço generoso da Espiritualidade Superior para promoção de reajuste e recuperação.

Faço uma pausa rápida e proposital para reflexão dos alunos:

– Essa impressão não é legítima! O Senhor de Toda a Criação assim não lhes permitiria a existência. E mesmo essa região arrematada de súplicas, loucuras e maldades absurdas não permanecerá num fluxo vibracional negativo por tempo indeterminado, porque o "bem" flui incessantemente pelo Universo, e o estado mental do "mal" se fadiga na impureza do próprio mal que exala, pois nem mesmo o que é atroz sobrevive sem o oxigênio do amor, que é o elemento divino que equilibra e mantém a vida eternamente fluindo.

Abro espaço para os comentários da turma:

– Professor! – adianta-se Carlos – O lugar onde a Flávia despertou no além-túmulo, geograficamente, fica em que região específica da crosta terrena? Seria numa área isolada e mais subterrânea do plano físico?

Como não há outras perguntas feitas na sequência pelos alunos, concluo que a questão levantada pelo Carlos é comum ao interesse de todos. Respondo, sem demora:

– Esse assunto já foi bastante abordado, principalmente entre os encarnados, através de depoimentos e literatura séria provindos do meio espírita, mas é sempre profícuo voltar ao tema e procurar, se possível, ampliar ou no mínimo ratificar as informações antes sabidas. Sendo assim, e já tendo nós a compreensão de que as faixas ou níveis vibracionais onde habitam os Espíritos não estão relacionados apenas com o mundo mental, mas igualmente com o mundo físico, e de que os Espíritos, após o desenlace carnal, permanecem ligados à evolução da Terra e carecedores de uma psicosfera apropriada a sua condição atual para prosseguirem em seu processo de ajuste cármico, entendemos o porquê de se formarem, por concessão Maior, no espaço interdimensional ao redor do planeta, camadas fluídicas concêntricas com as mesmas características de temperatura e pressão das camadas atmosféricas do plano físico, onde o visível e o invisível se interpenetram num mesmo ambiente cósmico, com vida biológica se agitando intensa dos dois lados.

Foco um pouco mais na questão:

– Toda a gleba planetária, seja na estrutura física ou extrafísica, é formada por subprodutos do fluido cósmico vitalizados pelo ser vivente que a habita. Não há região estéril, intransitável, vazia. Tudo é habitável e habitado. Por conseguinte, as camadas concêntricas do meio espiritual, constituídas através da manipulação dos elementos de alta ponderabilidade dessa substância divina e clara de vida, são ordenadas magneticamente no espaço numa faixa de densidade espectral que se molda de acordo com a carga mental extraída da postura consciencial daqueles que a povoam e ali se aclimatam por estarem numa idêntica ressonância vibratória.

Continuo:

– Visto que em tudo há uma energia pulsante a ser acomodada no Universo, as regiões espirituais da Terra se ajustam ao módulo divino em duas camadas astrais principais. A primeira de nível hierárquico superior, que se subdivide em três dimensões intermediárias: quinta, sexta e sétima. Regiões de altíssima frequência vibratória e habitadas por seres que se encontram em estado de supraconsciência cósmica, isto é, já em elevada conexão com as realidades multidimensionais da Criação, e, particularmente, a sétima que, estando mais próxima à abóbada celeste, acolhe irmãos de grande luminosidade interior, cumpridores de missões que colaboram na evolução do sistema planetário como um Todo. Antes de adentrar na segunda faixa, que também se subdivide em três dimensões intermitentes, há uma "zona de transição", por vezes, denominada de quarta casta, em que Espíritos de elevada conquista moral e intelectual cuidam do "Orbe" e de nós, irmãos menores.

Sigo com a sequência didática das esferas:

– O terceiro plano vibracional, que recebe a alcunha de "Umbral", envolve Espíritos que desencarnam e que necessitam ainda de reparações e aprendizados em novas e oportunas reencarnações. Uma grande leva de criaturas presas às falsas percepções do ego se movimentam nessas linhas energéticas.

E sentencio:

– Nós, aqui, estamos inseridos no Umbral. A cidade em que hoje vivemos é como se fosse um Oásis no deserto sombrio, o qual somente conseguimos alcançar por amparo da bondade divina, que nos ouviu os soluços do arrependimento sincero.

– Umbral leve ... né, professor? – atravessa o próprio Carlos.

– Leve não seria bem o termo – respondo –, menos denso fica mais apropriado, porque mesmo aqui existem reparações dolorosas para ajustar. Entretanto, pelo fato de a nossa moradia atual se situar a algumas centenas de quilômetros da superfície terrena, temos a possibilidade de mais facilmente entrar em ressonância com as energias dimensionais mais elevadas e, fortalecidos nesse fluxo de amor incondicional incessante, promover o esgotamento dos nossos resíduos mentais danosos.

Procuro, enfim, caminhar na direção da resposta da pergunta inicial:

– No espaço dimensional intraterreno, abaixo da superfície da crosta terrestre, situam-se as aglomerações humanas de maior sofrimento, que, por não desejarem abandonar as formações deletérias dos próprios pensamentos, permanecem nas sombras infundidos na dor e na desesperança. São inúmeras e vastíssimas tais regiões pelo planeta, com centenas de milhões de criaturas mergulhadas nos seus charcos enegrecidos de maldade. Essas regiões que se encontram nos sulcos mais densos dos subterrâneos da Terra, desprovidos de qualquer luminosidade, são conhecidas como "abissais"; guardam no seu bojo seres em estágio de profunda insubmissão às leis divinas. Geralmente, modelam o corpo astral constituindo-se de aparência sáuria grotesca, que serve nem tanto para aterrorizar, mas para os favorecerem na adaptação às rusticidades das altas temperaturas e pressão do lugar. Um ambiente tremendamente inóspito e de difícil incursão até mesmo para Espíritos experimentados que, vez por outra, visitam o local, visto que nenhuma malignidade, por mais arraigada que seja, fica indefinidamente à revelia da bondade e do amor de Deus.

Faço uma pausa rápida para não permitir que os alunos divaguem seus pensamentos por tempo demais nessa fronteira insana e desviem o raciocínio dos elementos principais do estudo.

– Já a nossa irmã Flávia, quando aportou na pátria espiritual, desembarcou numa região subcrostal inferior chamada "Treva". Um lugar também de vastíssima extensão e com grande número de habitantes que se refugiam em suas sombras dominadas pelo ódio, revolta, pavor e egoísmo. Agrupam-se em bandos, vilarejos e até formam cidades com chefes e lideres cruéis, petrificados no mais baixo nível de pensamento e perversidade. Nesses confins, a luz solar, mesmo que difusa por estar sobre uma camada de espesso nevoeiro que se forma constantemente devido à alta radiação mental pestilenta de seus moradores, penetra suas entranhas e revela, ora aqui ora ali, vales pantanosos e labirintos de desfiladeiros que dão logo a ideia de enorme prisão de rochas pontiagudas intransponíveis.

Depois de outra pausa rápida:

– Essa região, por ser muito extensa, é subdivida na sua geografia astral em áreas menores, formando distritos dados à responsabilidade administrativa de Colônias de ordem mais elevada, que ficam, então, encarregadas de as assistirem e promoverem recursos de reabilitação. Uma tarefa extremamente difícil, na qual, para fazer sustentar ali a luz do amor, os administradores, muitas das vezes, optam por construir bases assistenciais dentro do próprio turbilhão de horror dos redutos e de lá, contando com voluntários já adaptados ao fluxo vibracional do local, promovem excursões de amparo. Nada é simples e sem risco nessas paragens de enfermidades generalizadas, porém asseguro-lhes: nada fica sem o auxílio do socorro, sem a oportunidade de esperança e do reajustamento.

Sintetizo:

– Por que a nossa irmã Flávia estacionou primeiramente numa região tão inferior? – provoco o raciocínio dos alunos e, como ninguém se arrisca, respondo: – Para que, estando em campos de alta radiação magnética intoxicante, pudesse drenar de si as toxinas mais pesadas do seu organismo espiritual. Nem sempre essa ação reversa de sucção energética de mesma polaridade é possível, posto que, diante do desespero e da dor, muitos ficam vulneráveis e criam lamentável estado mental de desânimo e acomodação; outros, porém, não se rendem e insistem numa saída, para que sentimentos como a culpa ou o remorso não os dominem completamente. Essa atitude de não passividade gera no inconsciente um princípio de energia propulsiva ao arrependimento, a qual filtra e expele as cargas mentais mais densas, possibilitando a sintonia vibracional com dimensões astrais menos enfermiças. Foi o que sucedeu com a nossa ilustre convidada.

– Professor Alexandre! – volta novamente o Carlos – Um último questionamento: a substância que estaria sendo produzida dentro das cabanas de pedra, poderia ser algum tipo de alucinógeno? Isso é possível? É permitido?

Antes da resposta comento sobre a substância que se infunde no espaço interplanetário e enche os mundos de tudo o que existe: o fluido cósmico universal.

– O ambiente espiritual, como sabem, possui extrema similitude com os elementos geográficos da natureza e a composição social do mundo físico, com bosques, campos, plantações, casas, cidades, animais e pessoas. Os dois planos, mesmo em dimensões vibracionais diferentes, têm existência real e interagem e reagem constantemente um sobre o outro de acordo com o determinismo evolutivo das Leis Divinas, congregado na Terra em torno do governo de amor do Nosso Mestre Jesus.

Aprofundo um tanto mais na abrangência dos meios de ação e de intervenção superior nos dois mundos que constituem o orbe terrestre:

– Meus prezados alunos, como não há na Terra um plano abstrato, ou seja, insubstancial, devemos sempre ter em mente a compreensão dos fenômenos que regem a coesão molecular para cada estado aparente das matérias existentes. Tudo, nesse aspecto, deriva de um processo específico de saturação de energia emanada do éter primacial do *fluido universal*[16] e, para que se interponham os propósitos maiores da Criação, permanece mergulhado em Seu oceano cósmico infinito. Dos lodaçais dos abismos às culminâncias das moradas angelicais, a substância elementar é a mesma, tendo suas propriedades de flexibilidade, expansibilidade, textura, odores e cores sob o domínio do pensamento e da vontade do Espírito, limitando-se essa vontade de sugestão ao nível de conhecimento e aperfeiçoamento moral de cada um.

Ressalto as linhas de configuração que constituem determinadas modificações no fluido universal:

– A fonte que manipula os elementos extraídos do "princípio material" da Criação, seja no mundo físico ou extrafísico é, como já dissemos, o pensamento, que, de acordo com as necessidades do Espírito, impulsiona o cinzel da vontade reorganizando lhe os elementos físico-químicos para que absorva características singulares nos mais variados gêneros de matéria tangível. No plano físico, mais denso e imaleável, essa vontade concretiza seus efeitos de tangibilidade através das mãos do homem, que é sempre auxiliado, ainda que inconscientemente, pelos *seres elementais*[17] da natureza. Já no plano astral, onde a realidade fluídica é menos pesada, a ação condensadora ocorre por meio de forte e acurada concentração mental, capaz de gerar plasticidade a certos acúmulos energéticos, enriquecendo-lhes a potencialidade magnética e o poder de aglutinação de suas partículas subatômicas fundamentais, as quais estão presentes, em abundância, por toda a eletrosfera terrestre.

Sigo com o raciocínio:

– No entanto, saturar a matéria por impulsão vibratória

[16] **Fluido Universal**: Plasma divino, hausto do Criador, elemento primordial em que vibram e vivem constelações e sóis, mundos e seres... (Evolução em Dois Mundos/André Luiz)

[17] **Seres Elementais**: Criaturas singulares, multiformes, invisíveis, sempre presentes em todas as atividades da natureza, além do plano físico.

dos pensamentos, dando-lhe aparência e qualidades de acordo com o meio de que são elaborados, não explica a vitalidade que, por vezes, se observa no que deveria ser inerte e passivo... Na realidade, o "princípio vital", por expressão da vontade Divina, está inserido na mesma substância cósmica primitiva de que se produz a matéria, aguardando, tão somente, a agregação do "princípio inteligente" para impulsionar o seu módulo de desenvolvimento. Por assim ser, devemos bem entender que esse manancial peculiar de energia, que tem em si um pulso fluídico propiciador de condições ao movimento da vida orgânica, é inerente também aos seres inorgânicos, que se conservam inativos e sem reação aparente por centenas de milhares de anos, para que em determinado momento despertem para o lento, porém progressivo, caminho de sua individualização e a um lugar no seio das tantas luminosidades do Universo.

Registro alguns últimos comentários sobre o tema:

– Dentro desses fatores que relembramos, fica fácil deduzir que muitas das necessidades do Espírito podem ser plasmadas pelo próprio Espírito, desde que a intensidade do reflexo do pensamento sobre a coisa pretendida possa induzir o fluxo universal, modelando-lhe as propriedades elementares para que produzam efeitos de acordo não só com o desejo eminente, mas com o meio e as circunstâncias de onde ocorre a manipulação mental.

E respondo à pergunta:

– Sim, Carlos! É perfeitamente possível e permitido o que, pela vontade intoxicada de maldade, produziam ali, naquelas cabanas de pedra – e reforço a resposta. – A seu turno, maus Espíritos, porém fortes e inteligentes e que compreendem as possibilidades dos grandes fluxos de energia dispendida no espaço, montam laboratórios de pesquisas em suas regiões sombrias, onde estudam e desenvolvem artefatos mórbidos manipulando eflúvios moleculares contaminados, dos quais produzem toxinas alucinógenas capazes de gerar no usuário espiritual viciado a sensação ilusória de êxtase e de saciedade. Assim, entre outros artifícios inditosos, chefes, magos e líderes de imensas hordas inferiores mantêm uma multidão de dependentes viciados em seus redutos; presos e submissos a uma crueldade insana e sem tréguas.

Ednalva atravessa discreto gesto com a mão direita, pedindo a palavra:

– Professor Alexandre, o casarão cercado por grandes muralhas e praticamente inacessível, descrito pela Flávia, seria uma espécie de manicômio ou quartel general de Espíritos perversos, comandantes do lugar?

– Não, não! – respondo rápido. – Existem, sim, fortalezas que refugiam Espíritos impiedosos que mobilizam a própria vontade e inteligência para edificar construções semelhantes, de onde comandam vastas legiões de seguidores e almas sofredoras com mão de ferro. Contudo, o casarão identificado por nossa irmãzinha, que a impressionou como sendo um manicômio ou quartel, está longe disso, apesar de desempenhar funções de tratamento e de segurança com essa natureza. É, na realidade, um posto avançado de auxílio a irmãos desencarnados que, decaídos nessas profundezas de grande sofrimento e horror, já anseiam sinceramente por uma réstia de luz renovadora. Um caminho onde, pouco a pouco, possam serenar o coração e encontrar forças para quitarem débitos que lhes ferem penosamente a consciência.

Digo mais:

– Dentro das muralhas, há uma pequena e movimentada comunidade de indivíduos vinculados à erraticidade e em diversos níveis de aprimoramento moral. É quase uma cidade, com padrões de convivência e infraestrutura bastante semelhante.

Esclareço melhor:

– Em meio àquele deserto de tristezas infindas, o Criador concedeu a dádiva da existência de um "Oásis de Fraternidade" na forma de pequena cidadela com considerável extensão espacial: há casas, prédios, jardins e até mesmo capelas para cultos religiosos. Um lugar habitado por médicos, sacerdotes, professores, psicólogos e muitos outros que, já acendrados nas percepções da Vida Superior, assistem aos mais infelizes, lhes favorecendo a possibilidade de regenerar o pensamento e iniciar sua reconstrução íntima edificando, em si, sugestões do bem. O trabalho é notável, embora longo e de silencioso prazo para colheita de bons e gratificantes resultados. Ali alguns enfermos, após suplantar o tratamento e pôr em prática as orientações de soerguimento moral, solicitam permanecer auxiliando a instituição e cooperando nas diversas tarefas, seja nos pronto-socorros, na jardinagem, nos refeitórios ou até nas campanhas de resgate em *campo aberto*; outros, porém, são conduzidos a faixas vibratórias de densidades menores e de lá retomam sua jornada evolutiva.

Acrescento:

– Todo o complexo, possuidor de estrutura regimentar própria, está subordinado a uma cidade espiritual polo. No mais, vale lembrar que o muro que envolve e protege esse "abrigo de amor" é extremamente necessário, visto a incessante massa de ataques e tentativas de invasão vindas de criaturas ainda carregadas de energias tempestuosas no coração e que seguem ali abraçadas na revolta, nas paixões, no ódio e nas crueldades infindas.

Finalizo o tópico:

– A tais núcleos avançados, e que se encontram erguidos em regiões tão hostis, é atribuída também a tarefa de monitoramento e de controle das várias aglomerações que ali se concentram, as quais, de acordo com cada característica perturbativa, são deslocadas a ambientes de mesmo estado vibracional, como o vale dos drogados, dos suicidas, dos compulsivos sexuais, dos homicidas de toda ordem. Estando lá, muitos formam legiões e falanges, nutrindo o frágil pensamento de governar o submundo astral.

Espero um momento e indago:

– Mais alguma coisa que queiram discutir antes de encerrarmos?

Ana Maria, que raramente se manifesta, aproveita a chance:

– Professor, o rapaz que estava envolvido pelo facho de luz, seria, talvez, o guia espiritual da Flávia?

– Poderia sim, mas não o era. – E aclaro a resposta: – O rapaz que nossa irmãzinha viu naquele dia e que colaborou para a condução do seu Espírito a um plano menos asfixiado, não é propriamente o *amigo-companheiro* que lhe serviu de fonte de inspiração espiritual quando encarnada. Trata-se de um jovem ainda portador do invólucro de carne que, naquele momento, realizava um trabalho de assistência extrafísica. Estava ali, provisoriamente, separado dos liames da carne, mediante os benefícios do sono reparador, e conduzido àquela atmosfera de sofrimento pelas vibrações de amor fraterno do benfeitor espiritual dele.

Noto a curiosidade dos alunos mais aguçada em relação ao feitio daquele sistema de socorro e alongo os esclarecimentos:

– O que temos é apenas um dos muitos procedimentos de auxílio adaptados pela *Espiritualidade Socorrista* para promover suas ações nobres, visto que cada caso é um caso que movimenta uma situação peculiar de trabalho edificante. Assim, devido à diferença etérea e ao teor das radiações mentais condensadas nos organismos das criaturas invigilantes, as equipes de "auxiliadores espirituais", que acompanham o movimento da vida independente do plano em que se encontram, buscam nos encarnados dispostos a ajudar o fluxo de energia ectoplasmática apropriada, isto é, compatível magneticamente com a patologia do irmão a ser assistido. Esse recurso, como numa transfusão de sangue, propicia uma transposição fluídica que diminui o pulso das cargas negativas e promove construções emocionais menos desequilibradas, o que facilita o translado da corporificação astral para um setor mais ajustado à atual vibração.

Nessa conjectura, finalizo:

– Não é difícil o entendimento do acontecido no vale: projetado para aquelas paragens de grande sofrimento, diante do anseio íntimo de ser útil, o irmão, que chamamos aqui de "amparador", mesmo sem a consciência plena da função que exercia, caminha por entre a multidão de infelizes até sentir leve oscilação na própria frequência psíquica. É o sinal de proximidade da entidade a ser socorrida, no caso, a Flávia. Estando enfim alcançada pelo irmão, inicia-se a canalização das energias reparadoras. Tudo monitorado de perto por uma equipe espiritual formada por médicos, enfermeiros, sentinelas e outros colaboradores em projeção mental. Findo o processo, ambos, doador e receptor, exauridos com a terapia medicamentosa, lentamente, perdem os sentidos. Parte da equipe de apoio, então, se encarrega de conduzir nossa irmã a nova faixa astral de seu merecimento, enquanto a outra leva de colaboradores acompanha o "amparador" desfalecido até o despertar no corpo físico.

VI - Fascinação

Outro dia chega! Outra dádiva celeste que devemos agradecer e desfrutar preenchendo dignamente cada minuto. Flávia, já presente conosco, não perde tempo e segue relatando os acontecimentos que consegue resgatar para a memória.

Não sei o tempo que passei desacordada. Quando acordei, percebi apenas que continuava sozinha e deitada sobre uma relva umedecida. A paisagem não era lá exatamente bela, mas nem de longe tão sombria e desesperadora como a de antes.

Levantei-me! Tirei os cabelos da frente dos olhos e olhei para o céu. Vi o Sol. O mais esplendoroso de todos os que já tinha visto e sentido. Um fim de tarde sem igual: o Sol lentamente se punha mergulhado numa névoa fina que pendia colorida por sobre a linha do horizonte, e a claridade branda do firmamento revelava, além da silhueta de árvores frondosas e de aves sobrevoando o pouso, o esboço de casas e edifícios mais ao fundo, uma cidade.

Uma cidade, e não muito distante. Respirei aliviada. Fui salva! Meu coração se avivou no peito. Meus olhos retomaram o brilho quando percebi que estava nos arredores da própria terra natal... Suspirei de satisfação.

Não hesitei. Tomei logo a direção das luzes que começavam a ser acesas. Sem sequer agradecer a Deus ou ao rapaz que me amparara no caos. Tremenda falta de gratidão, mas ali, naquele instante, os meus sentidos se fixaram somente na cidade, nas ruas e nos becos que eu bem conhecia. Na minha cabeça, tudo se normalizaria depois que encontrasse a turma e contasse o *lance* da viagem maluca e incrível que fiz.

Infelizmente, as dores e os desesperos por que passei no vale não desenvolveram nenhum princípio novo em mim. Não entendia que estava morta. Seguia com a alma perturbada, e a mente enferma renegava qualquer outro tipo de pensamento que não fosse de indução às antigas influências do meu convívio diário; pessoas como eu, escravas do vício, dependentes das drogas e de suas sensações falsas e doentias.

Vinha tão fatigada e ansiosa a ponto de não perceber que já perambulava pelas ruas da cidade e bem próxima do local que a turma frequentava.

Por fim, com eles... Com quem me sentia mais forte, protegida e destemida, com quem curtia a vida em intensa euforia de cara livre para os deleites do mundo sem as chatices dos diálogos de família e das inumeráveis regras de convívio social.

Contudo, havia algo diferente. Olhava ao redor, os via, conversava com eles, mas não respondiam; me ignoravam. Não seria boa hora para gozação. Eu tinha um *bode* e tanto pra contar. Deveriam parar com a brincadeira e me ouvir. Gritei e gritei muito com eles e nada. Pensei: tão "chapados"[18]. Pensando assim, de repente, senti o desejo forte de *chapar* também. E vendo um resto de "fileira de pasta"[19] vacilando descuidada sobre a *banca de pedra*, corri na conta de pegar logo o "canudo"[20] mais próximo. Foi horrível! Não consegui segurá-lo. Tentei, então, tresloucada, aspirar o pó diretamente na pedra, o resultado foi o mesmo. Meu corpo tremia todo. Meus músculos fracos e franzinos não reagiam. Fiquei alucinada! Nisso ouvi uma voz sorrindo e destilando sarcasmo:

– Ei, garota! Não seja estúpida... Você está morta!

Assustei-me. Olhei pro lado e vi o dono da voz: uma moça de pele morena, alta e magra, vestindo miniblusa, calça jeans

---

[18] **Chapados**: Aquele que consumiu álcool ou drogas em excesso, que não consegue nem se manter em pé. Bêbado. Drogado.

[19] **Fileira de Pasta** (ou de pó): Diminuta fileira de pó (*cocaína*) estendida sobre uma superfície lisa, para começar a ser avidamente aspirada pelas narinas dos usuários.

[20] **Canudo**: Tubo fino de plástico ou de papel (feito até com notas de dinheiro) e usado para inalar cocaína normalmente dividida em linhas (fileiras de pó).

surrada e tênis.

Não dei rumo à conversa; quis logo voltar ao que fazia, mas ela continuou:

– "Se liga", garota! Você morreu!

Seguiu falando e me perturbando:

– Eu também tô morta, "mortinha da silva". Por isso você me vê e ouve... e seus amiguinhos aí não.

Voltei-me pra ela e, com boa dose de agressividade, perguntei:

– Tudo bem, sabidona! Se estamos mortas, por que ainda temos corpo?

Ela sorriu ainda mais irônica e respondeu:

– Garota, de que mundo você caiu? Você tá morta! Mergulhou no túmulo e virou fantasma. Só que a morte não é como a maioria dos "trouxas" imaginam. A vida continua... E continua muito parecida com aquela de quando do lado de lá: sente-se frio, fome, dor e até as mesmas vontades, como a que você tá aí, desesperada, sentindo agora.

Pensei em sair correndo. Deixar a maluca falando sozinha. Mas, apesar de não lembrar de nada diferente ter acontecido comigo, havia algo realmente estranho, fora do normal. Na dúvida, decidi continuar lhe dando ouvidos:

– Ah, meu nome é Sandra – disse ela. – Se quiser, podemos ser amigas.

Nada respondi.

– Não fique chocada – seguiu ela com a conversa –, nem fique tristinha. Do lado de cá dá pra consumir numa boa... Basta se ajustar com a turma certa que se pode arrumar um pouco de tudo, inclusive do seu "bagulho"[21].

Confusa, olhei melhor a Sandra. Ela parecia, se fosse, de dois a três anos mais velha do que eu. Sua aparência não tinha sinais de maus tratos, muito menos da palidez cadavérica de uma morta. Precisava raciocinar. Já tinha ouvido alguma coisa sobre a morte e comecei a vasculhar o pensamento. Para o meu horror, de repente, veio-me a imagem de uma ambulância e sirenes tocando, uma fadiga intensa e meu coração acelerado... Tubos de oxigênio, desfibriladores, médicos, e eu

[21] **Bagulho**: Referência a qualquer tipo de droga (*brasileirismo; gíria*).

gritando assustada. Tentava dizer algo, ninguém ouvia. Enfim, veio o silêncio e a quase paz. Tudo se aquietou. Quando dei por mim, não havia hospital, e sim o lugar desconhecido e sombrio.

Finalmente, entendi: estava morta. Senti-me uma idiota por não ter compreendido isso antes. Era viciada e vivia impregnada de drogas pesadas. Cedo ou tarde, algo de muito ruim deveria mesmo acontecer comigo.

Chorei muito. Só parei de chorar quando a Sandra, abeirando-se mais, disse:

– Pela sua carinha, você, enfim, lembrou-se de alguma coisa.

– Sim! – afirmei, suspirando fundo.

– Pare de chorar, garota! Morrer não é tão mau....

– Sandra – perguntei – por que não lembro nada do funeral?

– É normal! – respondeu. – Você não deve ter seguido o cortejo. Muitos não seguem. Provavelmente, já estava noutras paragens.

– Ah, sim! – resmunguei, fingindo tê-la entendido.

– Pelo menos agora você sabe a verdade. Venha comigo. Vou lhe apresentar uma galera descolada. Você vai gostar!

– Não estou certa se quero ir a algum lugar.

– Não seja ingênua. Não tenha medo. Na realidade, medo de quê? Vamos lá, o que você tem a perder?!

Não soube lhe dar reposta.

Sandra inclinou-se mais sobre mim e, antes que eu falasse outra coisa, sussurrou, meio sinistramente:

– E então? Você quer ou não quer a minha ajuda?

Entorpecida com as últimas e repentinas descobertas, me rendo à insistência do convite e passo a andar ao lado dela. Não demora e encontramos dois de seus amigos, que logo desferem um olhar de inquirição sobre a estranha. Gelei! No entanto, a Sandra veio no socorro.

– Meus dois amores, esta é a ... Qual é mesmo o seu nome?

– Fla... Flávia – respondi, meio que engasgando.

– Esta é a Flávia! – confirmou ela e, em seguida, afirmou com convicção: – É recém-chegada e nossa ilustre mais nova companheira.

Os olhares fixos deles em nada diminuíram a expressão de desconfiança. Minha protetora, porém, repeliu:

– Quanta indelicadeza! Que tragédia é a educação dos homens! Vocês dois vão ou não vão cumprimentar a moça?

– Oh! Queira desculpar. Sou Miguel! Seja bem-vinda ao grupo – apresentou-se o primeiro, o mais maduro.

– Eu sou Carlos... Carlos Rufino, seu criado – apresentou-se o outro, este mais jovem e com olhar malicioso, bem carregado de segundas intenções.

Respondi a mim mesma: Não são lá tão diferentes dos meus amigos de antes.

Sandra, depois de aprovar os cumprimentos, voltou à fala:

– Meus amores, talvez não se lembrem, mas a Flávia, quando do lado de lá, era do pedaço. Frequentava a turma da Mara Flores e, depois que morreu, infelizmente, sumiu do mapa. É provável que tenha perambulado perdida por aí, mas, agora, tá de volta e precisando de apoio... Nosso apoio!

– Pelo visual e pelo cheiro de "inhaca"[22], tá precisando, antes de qualquer apoio, é de um bom banho – atacou-me o tal Carlos Rufino.

– Não só de banho, seu chato! – socorreu-me a Sandra, outra vez. – Mas de roupas novas, brincos e perfumes. Além, é claro, de um bom lugar pra ficar.

– Se for o perfume do amor – atravessou novamente o Carlos Rufino –, deixa ela comigo.

Sandra franziu a testa e o nariz, e balançou a cabeça negativamente, rebatendo:

– Ela não é pro seu bico, Carlos.

– Poxa, gata, tô só na brincadeira, não precisa ficar com ciumezinho.

– Não tem nada de ciúme. E acho bom mesmo que esteja só brincando. Ela tá doente e ferida e incapaz ainda de se manter sozinha. É minha protegida. Por isso, é no meu tempo e do meu modo que vamos cuidar dela.

Embora sentisse um calafrio com aquelas palavras, fiquei quieta. Sandra olhou fixamente para mim e disse:

– Não se preocupe, querida, você vai ficar bem. Não ligue

[22] **Inhaca**: Cheiro (odor) desagradável emanado por animal ou pessoa. [*Brasil / Informal*].

para as tiradas do Carlos. O traste é um mulherengo metido a namorador. Mas não é de todo mau.

Sem dar mais importância às chatices do Carlos, a Sandra seguiu na conversa:

– Chega de perder tempo. Antes de tudo, querida, você precisa recompor a vontade de viver e se habituar bem e legal aqui, neste mundo. Depois cuidamos da sua aparência.

E me informou:

– É noite! E a noite é a realeza dos *mortos-vivos*. Vamos aproveitar. Você vai ver: do lado de cá temos um mundo pra lá de movimentado, carregado de oportunidades, de sensações e de todo o tipo de essência e prazer.

Entreolharam-se, murmuraram algo e sorriram, numa maliciosa cumplicidade. Foi quando o tal Miguel falou diretamente a mim:

– Olha, garota, como acertadamente disse a Sandra, você precisa recompor a vontade de viver, isto é, de continuar existindo, sem se sentir fraca, inútil ou vazia. Para isso, é necessário que condicione a sua cabeça à realidade de agora: você está morta, mas não acabada. Segue noutra modalidade de sobrevida e com os mesmos desejos e necessidades de antes.

Aquelas palavras de alguma sorte, não sei se devido ao tom calmo da voz do Miguel, aliviaram um pouco a tensão nervosa em que vinha. Ele continuou:

– Logicamente, Flávia, é impossível você entender tudo de uma só vez, mas em alguns dias já terá boa noção das coisas, inclusive das formas que articulamos por aqui para que consigamos manter as mesmas sensações que experimentávamos quando ainda desfrutávamos dos prazeres da carne.

– Como assim? – perguntei inocente e confusa.

– Explicar melhor – voltou o Miguel, sem alterar o tom da voz. – Como você já percebeu, mesmo depois do túmulo, continuamos ainda seres humanos e almas viventes; flagelados ou não, sentimos fome, frio, dor e desejos. Isso você já entendeu, certo?

– Sim!

– Ótimo! É por continuarmos bem vivos do lado de cá, o lado dos mortos, que mantemos os mesmos anseios e as mesmas tendências de quando estávamos do lado de lá, o lado dos ainda na carne. Nada se altera. O caminho é igual. Os desejos são iguais. As necessidades permanecem, e permanecem fortes. No entanto, a maneira de encontrar a satisfação num ou outro ponto é que se modifica, mas os efeitos são idênticos.

Diante da minha indisfarçável incompreensão, Sandra interveio, sorrindo:

– Querido professor Miguel, não acha você melhor irmos direto para a parte prática? Ela está sem consumir sabe lá há quanto tempo; está sem energia, podendo entrar em *crise de abstinência* [23]de uma hora pra outra. Olha só o perigo?!

– Como sempre, você está certa, Sandra – respondeu o Miguel. – Vamos deixar esse tipo de conversa chata pra depois; por hora, o melhor é alimentar a nossa menina – e repetiu, pausadamente: – a nossa menina.

"Nossa menina" era, por coincidência, a expressão de carinho que meu pai sempre usava, quando se dirigia a mim: "e aí, como vai a nossa menina", ele sempre dizia assim.

Começamos a caminhar até chegarmos a uma construção abandonada. Antes, porém, Miguel se apartara do grupo dizendo ter outro compromisso inadiável. Sandra, pelo jeito da cara amarrada que fez na hora, não gostou do que ouviu, mas não disse nada.

Entramos no prédio. Uma escola pública caindo aos pedaços. Logo alcançamos o pátio, fervilhado de gente. Uma pavorosa multidão de vivos e de mortos, misturados. Todos viciados, querendo cair ou já caídos de cara na paranoia das drogas. E o mais estranho: a cada drogado vivo se juntava um grupo de drogados mortos.

– Não se espante, garota, – atravessou a Sandra, como se tivesse lido o meu pensamento. – É assim mesmo. Para cada bom usuário de droga encarnado, há, pelo menos, três ou quatro de nós, desencarnados, se satisfazendo do seu vício.

E continuou, ironicamente:

– Por isso, um bom usuário de droga encarnado é disputado a peso de ouro, do lado de cá.

---

[23] **Crise** (*síndrome*) **de abstinência**: É um conjunto de sintomas mentais e físicos que ocorrem após a interrupção (ou diminuição) do consumo de uma substância causadora de dependência.

– O que estão fazendo? – perguntei assombrada.

– Hein!? Ah, eu explico! Como não temos corpo físico de suporte para introjeção direta da substância química material é necessário que colemos nos "caras" para inalarmos legal o vapor alucinógeno que exala em abundância dos seus poros. Assim, sentimos praticamente os mesmos efeitos dos estimulantes... É perfeito!

Dando larga gargalhada, concluiu:

– Era disso que o Miguel falava, e você boiava, não entendia patavinas. Mas não fique desanimada, também aqui, nesse santuário abençoado de almas penadas, temos nossas próprias taças de prazeres, e com licores variados; você vai ver, ou melhor, vai beber até ficar extasiada.

Nova gargalhada e recomenda, sinistra:

– Agora vamos parar de *lengalenga*, pegar nossa taça de direito e nos divertir.

A taça foi um rapaz sentado no chão, meio que isolado no canto do pátio. Tinha o antebraço todo picado por agulhas. A seringa e o garrote permaneciam próximos. Delirava. Do orifício feito pela última das agulhadas escorria uma pasta de sangue.

Carlos saltou sobre ele gritando:

– Que beleza! É overdose! Vamos aproveitar que esse já era.

Sandra correu na direção do rapaz, esquecendo temporariamente de mim.

A cena dava arrepios. Primeiro grudaram nele feito planta parasita e se ligaram ao crânio do rapaz através de eletrodos e fios magnéticos enegrecidos; depois, começaram a lhe sugar as forças, aspirando os vapores tóxicos que exalavam abundantes pelos orifícios, fossem esses do braço picado, da boca ou do nariz.

Na hora, o viciado, prostrado no chão e com os olhos esbugalhados fixos num ponto vazio do espaço, começou a ter espasmos musculares e convulsões. Meu coração saltou dentro do peito: ele, inteiramente subjugado, ia se aproximando da morte súbita.

Nem nos meus mais profundos devaneios de euforia teria

imaginado um mundo como aquele. Um lugar sem noção de limite, onde tudo é possível e permitido. Fiquei chocada. E mais chocada quando a Sandra virou para mim, com a boca lambuzada de uma substância viscosa esverdeada, e disse:

– Vem logo, garota! Isso aqui não dura pra sempre!

Tremi da cabeça aos pés. Era sim dependente química, viciada em droga e totalmente alienada dos conceitos morais da sociedade. Rebelde, mas não perversa; e muito menos *sanguessuga*; jamais faria, deliberadamente, mal a alguém.

Veio-me a imagem dos vampiros do vale: "almas penadas" andando em bandos e, como lobos famintos, sugando os mais fracos. Lembrei-me do Miguel me chamando de "nossa menina". Foi quando compreendi: eu não era como eles. Tinha família.

Saí dali correndo. E, outra vez, sem direção e plano algum. Logo me enfurnei debaixo do primeiro viaduto que vi. Por lá fiquei, assustada e chorando baixinho, até adormecer. Quando acordei, já não estranhava tanto aquele mundo sombrio, cheio de ecos e de gente diferente; já entendia que estava morta e que havia desperdiçado a vida e a saúde vivendo inútil e tolamente viciada.

A essa altura, outro tipo de angústia passou a se agitar dentro de mim: a saudade de casa. Um misturado de vergonha e medo, de alegria e esperança desenhou a figura dos meus pais na minha cabeça. Precisava revê-los.

Quase não me aguentando mais sobre as pernas, caminhei na direção do bairro em que morava. A agitação da cidade não me distraía ou incomodava. Não prestava atenção ao trânsito, aos pedestres; tinha a mente fixa no destino: o meu lar.

A caminhada, apesar de lenta, longa e sofrida, trazia a sensação de alívio; a sensação de estar fazendo a coisa certa. Mal percebi quando, de pronto, entrava na casa que me viu nascer e crescer rápido, que me dera os dias mais felizes da vida.

Meus pais conversavam sentados na varanda. Achei-os tristes, envelhecidos e abatidos. Não me importei muito. A carência afetiva tomara conta de mim. Querendo colo, aproximei-me deles: ambos me pressentiram. Papai, talvez para não trazer recordações pesarosas a minha mãe, não disse nada, ela, ao contrário, suspirou fundo e falou:

– Alberto! Não consigo me acostumar com a ausência da Flávia. Meu peito ainda dói muito quando penso nela. Como será que ela está? Será que está bem?! Ah, como sinto falta da nossa filha! Ela, mesmo já doente, era quem nos enriquecia os dias, a vida.

Diante daquele lamento triste, meu pai não disse nada. Em silêncio, olhou sentidamente para o chão e seus olhos se encheram de lágrimas.

Não resisti! Corri e abracei minha mãe, e, desesperada, comecei a gritar:

– Mãe! Mãezinha... Eu tô aqui!

E gritei por meu pai:

– Pai! Papai! Você me ouve? Olhe pra mim! Me perdoe! Eu amo vocês dois... me ajudem... me tirem daqui.

– Alberto! – minha mãe de repente interrompeu suas lamentações.

– Sim, querida!

– Alberto, nossa filha está aqui! Eu posso senti-la. Ela quer a nossa ajuda.

– O quê?! – exclamou meu pai, assustado.

– Nossa filha, Alberto! Você não a está sentindo?

– Tereza, minha querida! – respondeu ele segurando-lhe as mãos com muito carinho. – Já faz um ano e dois meses que a "nossa menina" se foi. Ela, infelizmente, está morta. Vamos deixar que a sua alma descanse em paz.

Tive um choque quando ouvi que já estava morta há mais de um ano. Para mim aquele tormento todo tinha no máximo três ou quatro dias.

O choque foi tão forte que, por alguns segundos, fiquei sem respirar, incapaz de acreditar no que ouvira. Um calafrio me percorreu a espinha. Afastei-me um pouco deles e fui me ajoelhando e curvando sobre o próprio abdômen para resistir à dor enorme que começou a me queimar a barriga por dentro. Hoje sei que era a dor do remorso, da separação estúpida.

Comecei a pensar: O que fiz comigo? Não dava mais para fugir. Para fazer promessas... Esperar o dia de amanhã. Não dava mais para curtir e valorizar o amor imenso daqueles dois corações maravilhosos que estavam ali, na minha frente, sofrendo as consequências das minhas atitudes impensadas. Para piorar, mesmo morta, doente, fraca e faminta, ainda sentia falta das malditas drogas. A vontade de consumir às vezes ia embora, mas sempre voltava pra enlouquecer.

Vinha já afundando o pensamento no pessimismo, achando que o melhor fosse mesmo procurar a Sandra e deixar as coisas rolarem, quando a voz da minha mãe ressurgiu, suave:

– Alberto! Lembra de quando você chegava do trabalho, e a Flavinha se escondia atrás da cortina para que a encontrasse?

– Sim, lembro. Ela devia ter uns cinco aninhos. Era esperta, sapeca e criativa. Mas não fique se torturando com as lembranças da "nossa menina". Deus é Pai, é justo e misericordioso, por isso eu tenho certeza de que ela deve estar num bom lugar.

As palavras do meu pai trouxeram pequeno conforto para o coração da minha mãe; seus lábios quase sorriram, e ela seguiu comentando:

– Alberto! Se não fosse pelo seu ombro amigo me sustentando de pé, mantendo-me firme na fé em Deus, eu já teria sucumbido de tanta dor e tristeza. Hoje, por exemplo, meu peito está muito apertado... Eu sinto que a Flávia precisa de nós, pelo menos de uma reza... Você me acompanha?

– Claro... Claro que sim, meu amor.

O amor de mãe é inconfundível. Um sentimento que não se mistura, que não se corrompe, que jamais se acaba. E eu, por espontânea idiotice, a tirei de mim.

Levantaram-se e, de braços dados, deixaram a varanda indo os dois pra sala. Papai nem tanto, mas mamãe era bem religiosa. Católica, dessas de ir à missa aos domingos e de ter imagens de "santos" espalhadas pela casa.

Não demorou e lá estavam os dois ajoelhados na frente do oratório, que trazia a imagem da Virgem Maria. Noutro tempo, acharia a cena patética, mas ali, naquele instante, meus sentidos ficaram magnetizados. Eu desejava ouvir. Fiquei quieta num canto da sala observando a luz da pequena vela acesa no castiçal iluminando a face daquele casal abençoado de Deus.

Puseram-se a orar o Pai Nosso, logo depois a Ave Maria. Quando terminaram, mamãe, com o terço que foi da minha avó na mão, começou a conversar com a Santa:

> Ó Imaculada Mãe de Nosso Divino Senhor Jesus, o Cristo de Deus e de todos nós!
> Eis-nos aqui, diante de vós, como pobres pecadores que somos, para que tenhais piedade e nos concedais a graça de vossa benção e de vossa luz.
> Mãe Santíssima, sabeis da imensa dor que trago no peito, pois como eu também vós perdestes em vida o filho tão querido.
> Não comparo a dor da minha pobre alma com o sofrimento de vosso espírito sublime, pois reconheço em mim a imperfeição.
> Mas sóis mãe! E sabeis dos laços sagrados que nos transfundem a própria alma para nos unir aos filhos... Laços de tão profunda resistência que nem mesmo a morte consegue desvencilhar.
> Ó Mãe de Suprema Misericórdia, perdoai o meu coração de luto.
> Perdoai as minhas queixas e o desânimo que assalta a minha fé na falta de resignação aos desígnios de Deus;
> Perdoai a minha tristeza;
> Perdoai o meu desespero e essas súplicas carregadas de tanta angústia;
> Mas sois vós o meu refúgio e a minha esperança.
> Eu sei que haveis de me ajudar.
> Por isso vos peço encarecida e confiante:
> Amparai a minha filhinha Flávia, onde quer que ela esteja. Não a abandoneis...
> Que ela possa se sustentar no vosso amor imortal e se cobrir com o manto de vossa infinita bondade.
> Socorrei-a em vossa fonte de vida, de glória e de luz.
> Ó Virgem Santa! Sabeis que ela, mal orientada, encurtou descuidadamente a própria vida.

> Sem apoio perseverante da família, dos próprios pais, não teve força para resistir ao mal das drogas e vencê-las.

Sob forte emoção e já com a face banhada de lágrimas, minha amada mãezinha fez uma pausa na conversa com a Santa. Suspirou longamente. Beijou o crucifixo do terço como se estivesse beijando o próprio Senhor Jesus e recomeçou a orar:

> Ó Mãe do Perpétuo Socorro! Clamo por vossa misericórdia.
> Derramai sobre minha filha querida o bálsamo de vossa divina luz.
> Perdoai-lhe os erros, os pecados; aliviai-lhe de todo o peso da dor.
> Sejais-lhe o caminho da cura, da redenção e da felicidade...

Meu pai chorava em silêncio. As lágrimas escorriam fartas por todo o seu rosto e molhavam o tapete da sala.

> Bem sei, ditosa Mãe, que diante de vós a humildade renasce e o bem se amplia.
> Que minha filha, "nossa eterna menina", possa sentir a vossa energia de amor e banhar-se na plenitude de vossa luz...
> Que ela, sob vosso amparo, possa fortalecer a confiança em Deus.
> E Deus, Nosso Supremo Pai Eterno, possa lhe suavizar a pena dando-lhe a possibilidade de salvação.
> (...)

Minha mãe seguiu orando com fervor, mas a partir desse ponto da oração não consegui mais ouvir as palavras que ela proferia. Uma luz azul, descendo do teto, a cobriu por inteiro e começou a se esparramar pela sala toda. Quando me dei conta, vários anéis de luzes e de cores indefiníveis rodeavam o meu corpo todo. Comecei a sentir a cabeça girando. Um formigamento intenso na coluna e nas pontas dos dedos dos pés e das mãos, o coração pegou a disparar.

Não entendi como, mas o banho de luzes inexplicavelmente me revitalizou a saúde. De uma hora pra outra já não sentia tantas dores, e a memória parecia melhor: inúmeras imagens e fatos voltavam à minha mente, ainda que confuso.

Fiquei otimista. Subi para o meu quarto e me estirei na cama. Não precisava mais fugir. Estava em casa. Não dei trela a nenhum outro pensamento ruim. Fui dormir.

VII - Caindo em si

Finda mais uma emocionante narrativa de nossa irmãzinha Flávia, e já tendo ela regressado aos seus afazeres confiante em Deus e nos dias do porvir, resolvo, primeiro, antecipar algumas considerações sobre as ocorrências do que acabamos de ouvir.

– O caminho da volta ao jardim florido da consciência reta é sempre muito difícil para um toxicômano. É sempre uma luta acirrada e intensa; por vezes, desigual, visto que a dependência toma conta tanto do corpo quanto da mente, e desse fato muitos exploradores da desgraça alheia se aproveitam.

Explico como situações de aparente controle se agravam:

– A missão de extirpar de si, e em definitivo, o mal crônico das drogas, é tarefa hercúlea que exige da família paciência, serenidade, sabedoria, compaixão e bondade; e do pretendente à cura muita coragem, renúncia, fé e determinação. Dos dois lados a luta é árdua e em campo aberto, sem guarida: os ataques ferinos são diversos e constantes. Digo isso porque, mesmo quando o dependente químico se valha ainda do escafandro de carne e da não influência perniciosa dos traficantes terrenos, em razão de se ver, por exemplo, internado em alguma clínica de reabilitação, continua sendo espreitado por uma corja de entidades viciadas que se utilizam principalmente dos desdobramentos do sono físico para fomentar o desejo de consumir drogas e manter a vítima nos mesmos padrões mentais poluídos de antes. Infelizmente, e não raro, tão logo o paciente escapa do tratamento clínico e dos efeitos da medicação imposta pelos médicos, a simbiose *físico-espiritual* se restabelece, retomando a parceria para se locupletarem das mesmas libações alucinógenas.

Mantenho a perspectiva do assunto:

– O que se tem, na maioria dos casos que envolvem o uso de entorpecentes, é um processo obsessivo conjugado com a realidade transpessoal e doentia da vítima. Por ser assim, há necessidade de uma vertente de tratamento que envolva, ao tempo dos cuidados medicinais terrenos, as entidades obsessoras que houver, ou seja, não se deve abrir mão de uma "casa espírita"[24] que, juntando a aplicação de passes magnéticos e água fluidificada ao paciente físico, leve a orientação cristã aos algozes do plano invisível, igualmente enfermos. No entanto, devido à falta de compreensão ou até do ponto de vista da crença religiosa da família, essa necessária vertente de auxílio espiritual é posta de lado. Dessa forma, quando inúmeros usuários desembarcam no mundo dos Espíritos, sem o sustento do merecimento imediato na chegada, não encontram irmãos benevolentes para a assistência socorrista de que carecem e se tornam presas fáceis para os aliciadores de viciados que existem aos milhares no plano astral; mentes débeis, sem projetos de elevação espiritual; perniciosos e oportunistas, piores de quando na carne.

Entrecorto o assunto:

– Vocês observaram nos relatos feitos até agora pela Flávia a existência, nas esferas espirituais de baixa vibração da Terra, de dois polos disseminadores do terror das drogas. O primeiro está encravado nos subterrâneos e, governado por inteligências poderosas voltadas para o mal, ali dominam o mundo das formas e as técnicas para produção de substâncias químicas malignas, as quais muito se assemelham tanto no aspecto morfológico quanto no teor alucinógeno às produzidas no meio físico através da manipulação de plantas de *coca*, *papoula* e *maconha*. O segundo se acumula no espaço

[24] **Casa** (*ou Centro*) **Espírita**: "(...), revivendo o Cristianismo, é um lar de solidariedade humana, em que os irmãos mais fortes são apoio aos mais fracos e em que os mais felizes são trazidos ao amparo dos que gemem sob o infortúnio." (*Emmanuel*)

dimensional da crosta terrena sempre infestada de predadores enfermiços, os quais surgem de todas as partes e, antes mesmo do usuário fragilizado no domínio de sua consciência vir ao desencarne, motivado por alguma grave disfunção celular resultante das altas dosagens ministradas a si, é atacado ferozmente por essas criaturas infelizes que se vinculam feito *sanguessugas* a seus tecidos *fisiopsicossomáticos*, vampirizando-lhes toda e qualquer emanação tóxica impregnada e exalada abundantemente do seu campo bioenergético. Uma ação nefasta que enfraquece ainda mais a vítima e facilita, prematuramente e em definitivo, o desenlace carnal.

Ednalva interrompe:

– Professor Alexandre, no caso desses horripilantes vampiros astrais que atacam o irmão viciado em drogas, se vinculando impiedosos a sua mente antes mesmo do seu desencarne, essa ação tenebrosa não deveria sofrer a interferência do próprio protetor e guia espiritual dele?

– Excelente pergunta, Ednalva, obrigado! – porém, atravesso justa consideração antes da resposta. – Lembremos sempre do que nos assevera Jesus: "buscai e achareis"[25]. Necessariamente, o pensamento está na base de tudo, seja para o bem ou para o mal; e nada ocorre à revelia do tutor espiritual enquanto o tutelado permanece no corpo físico. Esse Espírito bom é um amigo atento e dedicado, que, por graça divina, nos acompanha e ampara na marcha terrena, no entanto deve ele respeitar e se conformar com a ação da vontade mal direcionada de seu pupilo, mesmo que isso venha a lhe trazer amarga porção de tristeza ao aprendizado.

Pequena pausa e concluo:

– A forma de aprendizado, Ednalva, é sempre questão de escolha pessoal do aprendiz; não deve haver interferências. E esse irmão querido que vela por seu protegido, como um pai ao filho, entende que no momento seus conselhos e inspirações não podem desviá-lo das aflições, mas, no futuro, já conformado, paciente e sábio, certamente irá ouvi-lo e, com outro ânimo, voltará a explorar seus talentos sem permitir que novas oportunidades lhe escapem por entre os dedos.

[25] **Buscai e achareis**: Capítulo XXV do Evangelho Segundo o Espiritismo – (Mateus 7:7-11)

Efetivamente, o assunto ainda poderia ser explorado um tanto mais, contudo há outros fatos apontados por nossa ilustre convidada que devem receber igual atenção. Assim, dentro do prazo da aula e do roteiro reservado às explanações sobre o conteúdo do relato, redireciono as observações:

– A família, sem qualquer sombra de dúvida, é sempre o porto seguro de todas as criaturas do Universo. Para o ser humano, então, é de onde se torna possível o desenvolvimento afetivo, o amadurecimento psicológico e a boa formação da personalidade. É na organização parental, antes constituída nas esferas espirituais com programações, compromissos e empenhos específicos, que cada membro do contexto familiar terá oportunizado a si a reparação de erros, o fortalecimento da postura moral, da tolerância, do perdão e, sobretudo, da edificação sólida e crescente do amor.

Pequena pausa e sigo projetando a importância do pacto de consanguinidade anelados na Espiritualidade.

– É na família que despertam os valores inatos do Espírito, que se vence as mazelas infelizes do passado, os transtornos de conduta, de solidão, de paralisia espiritual. É de onde flui a esperança em relação ao porvir, mesmo que a experiência ali, naquele núcleo abençoado, seja passageira. Nesse sentido, foi o que vimos se suceder com a Flávia e que nos convida agora ao momento de reflexão.

Dou um tempo para que as palavras martelem não só nos ouvidos, mas igualmente na cabeça de mente inquieta dos alunos. Após o fôlego proposital, retomo o diálogo indo direto ao assunto:

– O trabalho de tratamento e de iluminação interior acontecido no reduto doméstico da Flávia é o resultado do benefício da *prece transformadora*, que nada mais foi que a magnitude da fé, em seus mistérios divinos, alterando os registros neurais do cérebro da própria Flávia e os fazendo produzir substâncias psicoativas curativas, extraídas, em boa parte, do amor pleno que se espargia do coração dadivoso da mãe.

Afirmo, tomando por base alguns textos bíblicos:

– "Visto que andamos por fé e não pelo que vemos"[26],

[26] Coríntios 5:7

devemos entender que não só o "cego de Jericó"[27] ou "a mulher que tocou a borda do manto de Jesus"[28] ou Jairo quando da "ressureição da filha ..."[29], mas todos nós, filhos também prediletos do amor de Deus, podemos pela fé mudar a nossa sorte e o nosso rumo, a nossa história e o nosso destino para melhor, e para sempre.

Continuo justificando a união vitoriosa da oração e da fé.

– Embora já tenha dito há pouco, quero reforçar o conceito de que o cérebro, sendo poderoso dínamo de energia, quando vitalizado por pensamentos com qualidades morais e intenções benéficas apreciáveis que inundem os neurônios de emoções superiores como a gratidão, o perdão e a caridade, gera uma força motriz *neuro-orgânica* capaz de produzir e exteriorizar substâncias etéricas, como mencionamos, psicoativas, de enorme capacidade de irradiação magnética medicamentosa. Algo semelhante ao ectoplasma na linguagem espírita terrena, elemento químico fluídico de origem psíquica bastante utilizado por médiuns curadores de efeitos físicos.

Avanço na abordagem do assunto, voltando-me mais ao acontecido:

– A onda mental da oração vigorosa é capaz de penetrar na psicosfera de um desencarnado e, através de uma descarga de energia sadia, isto é, benfazeja, sem mácula, dissipar a névoa de resíduos tóxicos da áurea enferma, possibilitando ao campo psíquico e emocional canalizar outro fluxo de radiação bioenergética que lhe seja mais harmoniosa e com capacidade de regeneração e de purificação da atmosfera íntima, permitindo, assim, o reequilíbrio de determinadas circunstâncias orgânicas no corpo astral. Esse recurso provindo da oração vigorosa se robustece quando há sintonia mental com o beneficiário. O que vimos entre Flávia e sua mãe, no entanto, não elimina os ajustes dos débitos que se tenha contraído; oferece apenas força e confiança para o enfrentamento das consequências que virão, em vista dos atos perniciosos lançados contra si mesmo.

– Outra questão – digo eu – a onda psíquica vigorosa e

[27] Lucas 18:35-43
[28] Lucas 8:40-56
[29] Marcos 5:25-34

curadora externada pela mãe da Flávia e que revitalizou o organismo astral da filha querida não é uma circunstância fortuita, ao acaso, de acordo com a intenção do orador, e sim um recurso nascido do hábito de orar, de buscar Deus como fonte de dessedentação em todas e quaisquer ocasiões da vida e, acima de tudo, crendo integralmente noutra afirmativa de Nosso Senhor Jesus: "Seja o que for que peçais, crede e obtereis, e concedido vos será o que pedirdes"[30].

– Professor, sobre essa parte, permite-me interromper e fazer uma pergunta? – atravessa Alfredo, outro dos alunos septuagenários da sala, extremamente reservado e educado.

– Esteja à vontade –, respondo.

– Aquelas rezas intermináveis, em que orações como o Pai Nosso e a Ave Maria são repetidas incansavelmente por dezenas de vezes, têm valor meritório aos olhos de Deus? É capaz de promover alguma ação benéfica como essa da mãe da Flávia?

– Sim! Às vezes, apresenta-se aos bons Espíritos encarregados por Deus da execução de Seus desígnios, como sendo de grande concurso luminoso. Para isso, portanto, deve ser dita e repetida, se for o caso do culto, com fé e fervor; sentindo resplandecer no íntimo a mensagem de luz, de esperança e de amor das palavras fraseadas pelo automatismo da memória. Muitos só conseguem entrar em sintonia com o mais Alto mediante alguma oração já sabida, isto é, conhecida e poderosa como o Pai Nosso, que traz a linguagem do amor filial vinda do próprio Cristo. Há os que expõem os seus sentimentos com expressões efusivas, carregados de emoção, que lhes brotam em belas oratórias; outros, porém, sem palavra nenhuma, fazem fluir suas súplicas e louvores apenas com a força silenciosa e indizível do pensamento; rezam apenas com o olhar ... o olhar do coração.

E atenuo:

– A amplitude é a mesma, pois o essencial é orar bem, libertando o coração de sentimentos ruins, opressivos...

– Mas, professor... – volta Alfredo, interrompendo num tom mais aguerrido – o próprio Senhor Jesus não nos disse:

[30] Marcos 11:24

"Quando orardes, não useis de vãs repetições, como os gentios; porque presumem que pelo seu muito falar serão ouvidos" [31]... ?!

– Assim disse o Senhor, meu bom amigo! – respondo com complacência, visto que Alfredo e outros alunos da sala vieram de uma formação religiosa, quando encarnados, dissidente da prática das rezas convencionais; e sigo:– No entanto, seria um erro imputar a esse conjunto de sábias palavras do "Nosso Amado Semeador da Verdade" uma interpretação tão superficial, prender-se às letras que não traduzem a essência da lição, porque elas simplesmente não alcançam a real significância do Decreto divino.

Explico:

– Nesse versículo como noutros que antecedem e precedem esse capítulo do Evangelho do apóstolo Mateus, Jesus orienta a nossa comunhão com Deus, mostrando-nos o caminho de luz da prece, que outra coisa não é senão a expansão íntima e ardente da alma carregada de fé. Sendo assim, pouco importa se há multiplicidade de palavras, se são repetidas ou decoradas, pois que somente serão agradáveis ao Criador e meritórias de proveitosa resposta espiritual, se partirem de um coração balsamizado pelo perfume da bondade, do amor. Muitos oram e, em obediência aos costumes de seus cultos, repetem mantras, frases e até orações inteiras, mas Deus, que os vê e ouve, sabe o que se passa de verdade nos lábios de cada um.

Ligeira pausa e, abeirando-me mais de meu estimado inquiridor, pondero:

– Alfredo! Jesus, nosso irmão Maior, quando nos legou o aprendizado das orações, incluindo as bênçãos do Pai Nosso, trouxe em suas lições que não deveríamos usar "vãs repetições". Estava Ele ali dizendo, de forma multisciente, que não deveríamos buscar o Pai com palavras vazias, fúteis, sem carga de sentimentos. E mencionou os "gentios", o povo pagão da época, que não buscavam Deus, nem obedeciam às Leis de Moisés. E mesmo a esse povo, indiferente às escrituras sagradas, foi concedida a graça de ter o apóstolo Paulo de Tarso

[31] Mateus 6:7

entre eles e pregando as insondáveis riquezas do Evangelho de Cristo. Aos "gentios" Paulo sempre dizia: "*Orai sem cessar*"[32].

Direcionando a atenção do sentido do olhar para a turma toda, aguardo um tempo em silêncio. Não encontrando mais outro argumento de contestação, concluo:

– Só para terminar as considerações sobre a questão, lembremos da passagem evangélica: "E (Jesus) afastou-se outra vez e orou, repetindo as mesmas palavras"[33]. A verdade, meus valiosos amigos e, por hora, alunos, não está no fascínio das letras que formam palavras eloquentes que, no máximo, afetam os sentidos, e sim nas entrelinhas das frases que se pronunciam; entre o que se tem e o que se quer com a sinceridade dos sentimentos mais íntimos sigilados no espírito.

Alfredo, esboçando pálido sorriso, reconsidera:

– Ah! Ficou claro, professor, obrigado! Se até Jesus em Sua sagrada comunhão com o Pai repetia palavras em suas sublimes orações, quem somos nós para querer modelar um padrão de prece e nos negar a luz imperecível do exemplo maior que temos para ser seguido?

---

[32] 1 Tessalonicenses 5:17
[33] Marcos 14:39

VIII - Outra sintonia

Na manhã seguinte, acordei com a cabeça leve. A cortina da janela ficara entreaberta e vários raios de sol iluminavam o quarto. Não estranhei o fato de estar ali deitada e com a mesma roupa que vinha usando, porque as lembranças dos acontecimentos da noite anterior não tinha me abandonado a mente.

Sabia que estava morta; não sabia, porém, o que fazer com essa informação. Sentei-me da cama e fiquei um tempo. Após alguns minutos, cansei-me do silêncio da falta de ideias, e considerei: "Eu estou morta é de fome. Vou até a cozinha vêr se descolo qualquer coisa".

Descendo as escadas, reparei no relógio da sala: já tinha ido a hora do café da manhã. Dormi muito, mas nem tanto para perder também o almoço. Corri pra cozinha e lá vi a Edite, nossa empregada, conversando com meu pai:

– Senhor Alberto, fiz o ensopado conforme pediu. Posso servir?

– Que ótimo, Edite! Pode servir, sim. Hoje vou almoçar aqui mesmo na cozinha. A Teresa está meio abatida. Não passou bem à noite. Teve insônia e não quer comer nada.

– Que pena, senhor Alberto. Ela adora ensopado!

– É verdade! E o cheiro tá irresistível. Façamos o seguinte: sirva um prato bem escaldeado. Vamos deixar que esfrie um pouco, depois eu mesmo levo para ela e tento fazê-la se alimentar.

Nunca fui lá muito fã de sopa, mas aquela, pelo tamanho da minha fome, só podia estar extremamente saborosa. E estava!

Edite, logo após servir meu pai, colocou numa bandeja do lado oposto da mesa o prato mais escaldeado da minha mãe. Eu rapidamente me debrucei sobre o prato sugando todos os vapores vitalizadores do caldo pra lá de suculento.

Vinha mesmo *morta* de fome. Tanto que olhei pra Edite e pedi que colocasse mais no prato. Não sei se ela ouviu, porém quando já ia colocar a segunda concha bem cheia meu pai interrompeu:

– Que isso, Edite?! Chega! Se a Tereza der duas ou três colheradas, já vou me dar por satisfeito...

Ele, tão logo terminou de almoçar, levantou-se, pegou a bandeja e foi para a varanda. Acompanhei.

– Querida, trouxe-lhe o almoço. É um ensopado e está delicioso. Coma um pouco.

– Não, Alberto! Estou sem fome.

– Por favor, querida, você nem tocou no café da manhã.

– Não se preocupe, Alberto. Eu estou bem! Apenas com uma leve dor de cabeça, mas até já tomei um comprido. Daqui a pouco, passa.

Minha mãe tinha os olhos vermelhos e abraçava um porta-retrato com a minha foto. Meu pai percebeu:

– Tereza, o que você tem? Esteve chorando?

– Sim, Alberto! Acho que de remorso... Não fomos bons pais!

– Como assim, Tereza?!

– Criamos nossa filha cercada de luxo e de todas as facilidades que os nossos recursos financeiros lhe podiam dar. Ela frequentou as melhores escolas, teve os melhores professores, fez viagens de passeio e tantas quanto quis, até pra Disney... Além disso, só usava o que fosse do bom e do melhor. Nunca... nunca conheceu o desgosto de querer e não ter, porque pensávamos ser falta de amor não cobri-la de presentes, ser falta de amor não realizar suas vontades, já que era filha única e tínhamos condições para isso. Ah! Como me arrependo.

– Eu é que devo me arrepender, Tereza. Pensei só no

trabalho, no maldito dinheiro, na falsa segurança dos bens materiais e fui dispersivo com o meu dever de pai e de marido. Quantas vezes, envolvido nos problemas intermináveis daquele escritório, ora viajando ora chegando tarde em casa, deixei você sozinha para cuidar do nosso lar e da "nossa menina". Perdoe-me! ... Perdoe-me, querida! A culpa maior de toda a desgraça que aconteceu é minha... Fui omisso. Ganancioso. Um péssimo pai.

Papai colocou a bandeja que trazia no chão, debruçou a cabeça no colo da minha mãe e começou a chorar compulsivamente. Eu nunca o tinha visto chorar.

– Não, Alberto! Você cumpria com a obrigação de trazer o sustento honesto para o nosso lar, e da melhor forma possível. Eu, sim, falhei, pois tinha, dentro dos meus deveres domésticos, a obrigação de prestar mais atenção nas tendências, nos hábitos, nas amizades da nossa filha. Devia ter me importado mais em saber a quais festinhas ela ia. Por que, às vezes, demorava a voltar pra casa? Por que ficava horas trancada no quarto?

E continuou:

– Infelizmente, eu, como mãe, preocupei-me muito pouco. Principalmente com a formação religiosa da nossa filha. Não a fiz ver o reino de Deus dentro de si. Chamava-a, vez ou outra, para me acompanhar à igreja e ela se esquivava, sempre. Eu aceitava, achando que fosse um aspecto de rebeldia pontual da juventude moderna, vinda do comodismo da internet e de suas redes sociais.

Os olhos de minha mãe refletiam angústia e tristeza.

– Alberto, sem você por perto, cabia a mim estabelecer os limites entre o possível ceder e o necessário exigir... Cabia a mim saber que no excesso de protecionismo há sempre o perigo da permissividade exagerada.

Mamãe sempre se expressou muito bem. E ali, enquanto falava com os olhos rasos d'agua, afagava os cabelos grisalhos do meu pai, que a ouvia com o coração apertado de dor e sofrimento.

– Hoje, eu sei que um jovem, rico ou pobre, para ser bem formado e educado dentro dos valores sadios da sociedade, precisa muito de pais presentes e de um convívio religioso. Qualquer religião serve, todas são boas, desde que preservem a essência dos ensinamentos de Jesus: o respeito, a bondade e o amor ao próximo.

Ela disse aquilo como se estivesse apresentando uma lei da natureza, que, se fosse observada, evitaria qualquer transtorno de conduta moral da humanidade, e a vida teria mais significação.

– Com Deus no coração – seguiu ela no seu raciocínio de fé – dificilmente se anda em más companhias. Longe das más companhias, das amizades enganosas, as portas de entradas para o mundo das perdições ficam lacradas; se não abrem, não destroem a vida, os sonhos, os lares...

Ela deveria, aproveitando o assunto, ter ressaltado o meu comportamento diário, sempre pessimista, carregado de egoísmo e falta de gratidão, mas não, simplesmente, suspirou profundo e concluiu os comentários com bondade:

– Faltaram à nossa filha bons amigos. Com eles, certamente, ela iria procurar diversões sadias, sem aquela pressa de conseguir ter e sentir tudo de uma hora para outra. Noutra condição de convívio, a Flavinha teria vencido os seus descontentamentos insignificantes e estaria hoje aqui conosco, trazendo luz a essa casa e às nossas vidas.

Fiquei extremamente comovida com as palavras da minha mãe. Veio logo um nó na garganta e uma dor aguda no peito. Chorei baixinho. Agi assim, imaginando que talvez pudessem me sentir chorando e, com isso, ficarem ainda mais tristes.

Meu pai era diretor de respeitada empresa do ramo de construção civil. Mamãe, formada em arquitetura, trabalhou por um tempo na mesma empresa, onde se conheceram e depois se casaram. Nunca os vi brigando ou discutindo. Eram felizes e maravilhosamente apaixonados. Agora estavam deprimidos e se culpando pelas minhas fraquezas repletas de tolices e ignorância.

Subitamente, senti raiva de mim e pena dos meus pais. Não era mais a criança mimada de antes e não podia permitir que a tristeza continuasse tomando conta daquele lar abençoado. Estava claro: a minha presença, mesmo que invisível, aumentava-lhes a saudade e o sofrimento, trazia lembranças que lhes torturavam o coração e a consciência.

Resolvi, então, que o melhor seria me afastar. Deixar o aconchego da casa querida e a proteção cheia de amor da família. Era o castigo que eu bem merecia.

Saí dali dilacerada pelo remorso. Foi quando, pela primeira vez, prometi a mim mesma que superaria o vício, custasse o sacrifício que custasse. No entanto, só com boa vontade e disposição não chegaria muito longe. Principalmente, porque eu não tinha a menor ideia do que fazer. O desafio seria encontrar algo ou alguém que me ajudasse de algum modo..., mas quem?!

Na rua o sol apenas clareava o dia, não aquecia. A sensação de frio aumentava com o vento gelado que soprava incessante. Precisava encontrar um lugar para me proteger. Foi quando vi a igreja que minha mãe frequentava; a porta aberta parecia dois braços estirados prontos para acolher e proteger. Pensei logo: "Lá o clima deve estar mais agradável". Entrei na igreja e, de fato, estava bem mais quentinho.

Não havia missa acontecendo, porém a igreja não se encontrava vazia, sem movimento: um grupo de jovens, entre garotos e garotas, reunia-se próximo ao altar principal. Todos sentados formando um quase círculo, dois deles tocando violão e cantando juntamente com os demais. Sentei-me num dos muitos bancos e fiquei ouvindo, e achei linda a melodia; falava da felicidade de se ter um amigo.

Terminada a canção, começaram a conversar praticamente ao mesmo tempo. Vários eram os assuntos e tudo misturado com risos, *micagens*, tapinhas. Divertiam-se e brincavam, sem maldade, sem segundas intenções. Fiquei ali olhando a turma e acho que comparei com a minha, pois senti uma pontinha de inveja.

Passado algum tempo, chegou um rapaz um tanto mais velho, contudo ainda longe da idade para ser tratado de senhor. Vestia calça *jeans*, camisa polo e calçava tênis. E exclamou em voz alta:

– Santo Deus! Que barulheira é essa?! Assim vocês espantam todos os anjos e todos os santos da igreja de volta para o paraíso.

– Oi, padre Paulo! Que bom que chegou. Senta aqui conosco – disse uma das garotas do grupo.

Padre?!? – pensei eu. – Que estranho! Cadê a batina e o crucifixo?

– Não sei se devo! – respondeu ele. – Vocês hoje estão muito eufóricos.

– Então – voltou a garota –, entenda o convite como uma missão de fé para pôr ordem na casa, ou seja, na nossa igreja.

– Hum! Como vocês adoram me manobrar na conversa... – retrucou ele, abrindo largo sorriso.

E aquele padre de "jeitão" tão incomum atendeu ao convite. Sentou-se também no chão e começou a falar:

– A bem da verdade, gosto muito de vê-los reunidos aqui na casa de Deus. Gosto tanto que até sinto falta da inevitável bagunça que fazem. E já que gentilmente me convidaram para a reunião, vou aproveitar e levar um "papo sério" com vocês. Fiquem tranquilos que não é nenhum sermão.

– Ufa! Escapamos – alguns brincaram.

O padre sorriu e iniciou o tal "papo sério":

– Ser e saber ser jovem é algo muito importante e gratificante. A juventude é uma época de nossas vidas em que precisamos, sim, ter vontade de conhecer, de aprender, de sentir e de querer. No entanto, é uma época em que precisamos também saber engajar a nossa vitalidade jovial para o bem, para circunstâncias que nos despertem da ilusão e que nos imponham objetivos e inspirações que possam verdadeiramente contribuir para a nossa felicidade futura.

Pelo início da fala do reverendo, concluí logo que terminaria sendo um sermão. Continuei ouvindo:

– Na idade de vocês é normal serem destemidos e terem deslumbramentos pelas coisas: ir a festas, jogos, shows e baladas. É normal querer viver intensamente o dia de hoje, o agora. Contudo, é preciso ter cuidado quando no avançar para novos e desconhecidos horizontes.

Breve pausa para cruzar as pernas da maneira indiana e prosseguiu:

– É preciso, meus queridos, não ter tanta pressa. Aceitar

os limites. Saber esperar e questionar. Pressentir o perigo. E se conduzir com inteligência e atenção, para não cair nas diversas formas de tentações que há pelo caminho. Acreditem: tentações ruins só trazem arrependimentos e remorsos.

Eu sabia, e sabia muito bem, do que o reverendo falava:

– Todos, e principalmente o jovem, devem ter fé, coragem e muita paciência. O exercício da paciência, na maioria das vezes, começa no lar... Paciência com os pais aceitando-lhes a visão do mundo. Uma visão que a juventude moderna adora catalogar como "quadrada", ultrapassada, mas que é apenas um olhar maduro e cauteloso da vida. É a experiência deles; e toda experiência, de uma forma ou de outra, é sempre válida.

Ninguém titubeava. Todos punham sentido nas explicações:

– Devemos não só amar e respeitar os nossos velhos, mas também saber ouvir e entender o que eles falam, visto que são as únicas alavancas que jamais nos abandonam, e com a qual podemos contar sempre para nos sustentar quando estivermos caídos, esquecidos dos amigos e da sociedade.

Aquelas palavras começaram a aumentar o ressentimento em mim. Pensei em sair dali, mesmo sabendo que seria uma atitude covarde, mesquinha e inútil. Ia me levantado do banco, quando outro jovem interrompeu a conversa lançando a pergunta:

– Padre Paulo, você está falando das drogas, não é?

– Não só de drogas, Daniel, mas do sexo irresponsável, da violência, da preguiça, da corrupção... Há muitos tipos de armadilhas no caminho das nossas vidas. O jovem precisa ser perseverante na busca de seus objetivos, atento e esperto o bastante para valorizar não só a segurança e a proteção da família, mas também os ensinamentos da religião que sustenta nos momentos difíceis, fortalecendo o espírito através da fé.

– Eh! Mas o perigo maior – voltou o mesmo rapaz – ainda são as drogas. É muito fácil se envolver.

– As drogas são portas largas que se abrem para a perdição da vida – avaliou o padre. – E é verdade: é muito fácil se envolver com drogas e se tornar uma pessoa viciada; um toxicodependente, como se diz socialmente por aí.

O padre, preocupado em passar algumas dicas para o pessoal, parecia o irmão mais velho deles.

– Entendam primeiro que nada começa de repente, de uma hora para outra. Quase todos os casos de iniciação no consumo de drogas, que os pais são sempre os últimos a saber, ocorrem por má influência dos falsos amigos; pessoas camufladas de "bacanas", de "legais"; rapaziada maneira que oferece ora aqui ora ali um cigarro, depois, na festinha de aniversário, é quem descola a latinha de cerveja geladíssima. Noutro dia, mais confiante e enturmando, já força o convite para o barzinho "do momento", ou para aquela danceteria onde o *DJ*[34] arrebenta num show ao vivo que começa e atravessa a noite sem hora para acabar... e por aí vai indo, perigosamente.

Era a minha história. Coincidência ou não, minha mãe tinha falado praticamente a mesma coisa. Foi mais ou menos assim que eu fui me envolvendo, me afetando, perdendo a identidade e a própria vida.

– A princípio – continuou o reverendo –, os pais acham tudo normal e afrouxam as rédeas. Pensam que o mundo mudou, que o jovens de agora necessitam de espaço e de liberdade de ação para que definam bem as suas personalidades, tornando-se, com isso, confiantes para enfrentarem as dificuldades naturais que a vida impõe...

Meu cérebro fervilhava tentando processar aquelas informações que continuavam muito parecidas com a conversa dos meus pais, há poucas horas.

– E o pior acontece: há um drogado em casa. Se há um drogado em casa, a responsabilidade pelo acontecido é de todos. De nada adianta a família se carregar de decepção, se abater, ou para não ficar envergonhada socialmente, procurar justificativas do tipo: "Ele não conversava comigo", "não dizia aonde ia", "ficava furioso se a gente perguntava algo". Nada disso importa, pois o momento não é de definição de culpa, e sim de ação sadia no intuito de ajudar.

– Padre Paulo – interrompe outra vez o mesmo Daniel –,

[34] **DJ** (*disc jockey ou disco-jóquei*): é um artista profissional que seleciona e reproduz as mais diferentes composições, previamente gravadas ou produzidas na hora para um determinado público alvo.

geralmente a família não tem preparo pra lidar com o parente drogado. Eu penso que, para não ficar perdendo tempo com conversas que terminam em brigas e piorando o caso, o bom é internar logo num hospital ou "fazendinha"[35].

– De jeito nenhum! Só em último caso, e olhe lá. Se os pais e outros parentes mais próximos não sabem como agir, o que é natural, devem se inteirar do assunto que é vasto na internet... É hora de pesquisar, de se informar, de correr atrás, pois a obrigação do empenho para a cura também é deles.

E prosseguiu:

– Eu sei, não é uma tarefa fácil. O dependente químico se torna arredio, de difícil acesso ao diálogo, seja em relação à família ou em relação a médicos, terapeutas, psicólogos e amigos. No entanto, existe o remédio do amor. É necessário muito amor dos entes queridos para poder conservar a tolerância e a persistência durante o processo de cura, porque o caminho da volta é longo e extremamente penoso na reeducação dos bons hábitos esfacelados pelas drogas: há melhoras instantâneas e recaídas imprevisíveis. Mas a cura existe e é possível a todos.

Se eu tivesse escolhido acompanhar a minha mãe à igreja, e feito parte de um grupo de jovens como aquele, decerto que haveria alguém como o padre Paulo no meu caminho e, provavelmente, eu não teria pensado sequer em conhecer drogas. Estaria do lado de lá, mais viva e feliz.

– Para quem está perdido no mundo das drogas – seguiu o reverendo, esclarecendo – a melhor saída vem em aceitar esse amor e, de bom grado, todas as demais dinâmicas de tratamento propostas pela família, entendendo, antes de tudo, que se está gravemente doente e toda e qualquer forma de assistência que chegar é sempre bem-vinda.

E finalizou:

– A caridade é forma de amar a Deus e ao próximo; uma virtude que, havendo a doação pura de si mesmo, em muito supera o gesto da doação de bens materiais. É estrada de mão dupla: tanto socorre a quem necessita quanto ilumina a quem auxilia. É luz que vence as sombras... Uma ação tão nobre que

[35] **Fazendinha**: Tratamento dado a determinadas comunidades terapêuticas de recuperação de dependentes químicos, as quais geralmente se localizam no espaço de sítios ou chácaras nos arredores dos centros urbanos.

tanto cura o corpo quanto salva a alma.

E não disse mais nada. Do meu lado, fiquei decepcionada com o desfecho final das palavras do padre. O que dissera talvez até servisse se eu ainda estivesse viva. Eu estava morta! E morta, como iria receber ou fazer algum tipo de caridade? Sentindo-me meio tola por ter dado tanto ouvido àquela lereia evangélica, perdi o interesse pelo resto da conversa.

O padre também não demorou. Um tempo depois se levantou, despediu-se da turma e saiu. Eles voltaram para a cantoria.

IX - Valores reais

Deus, nosso Pai, continuamente nos possibilita meios para tomar posse da verdade e desprender-nos das trevas da ignorância e nos banhar na luz benfazeja da razão e da esperança, que consola e aponta novos horizontes. Com certeza, aquele santuário cristão cheios de jovens e conduzido por um sacerdote igualmente jovem, portador de bons conhecimentos e com o coração aberto para a bondade útil de esclarecer e iluminar, foi um desses meios. Sendo assim, quando nossa irmãzinha se permitiu aconchegar o Espírito naquele templo zeloso ao amor de Deus, inevitavelmente, trouxe à sua psicosfera mental um feixe de energias saudáveis, capaz de lhe fortalecer a intuição e o discernimento na luta conflitiva consigo mesma.

Dito isso, abro espaço para que os alunos façam suas observações no que se refere aos últimos apontamentos de nossa estimada convidada.

– Professor! – Ednalva, sem rodeios, atravessa. – Outra vez, foram muito ricos os comentários da nossa irmã... O que me chamou mais a atenção foi o fato de que a permanência dela na casa dos pais provocou um desarranjo orgânico e emocional bem grande nos membros da família, principalmente na mãe. Não seria ali um momento oportuno de harmonização afetiva e até de início de reparação de erros, independente da dimensão astral em que se encontravam?

– A vida, Ednalva, não improvisa e tudo acontece diante

de um trabalho superior legítimo, cuidadosamente organizado e seguro para que a vontade de Deus resplandeça propondo sempre a melhor direção a todos, independente do tipo de situação ou da dificuldade que medeia os desafios existenciais no momento.

Explico:

– Vocês devem estar lembrados quando do retorno da Flávia à casa dos pais. Recém-desvinculada do bando maléfico da Sandra, ela vinha bastante debilitada em razão dos seus reflexos mentais e orgânicos estarem fragilizados pela ação dos resíduos enfermos da dependência química. A mãe, Dona Tereza, um tanto mais suscetível às vibrações afetivas dos laços de sua consanguinidade, logo pressentiu na atmosfera doméstica uma radiação energética forte e diferenciada; de imediato, recordou a filha. Porém recordou com extrema amargura e sofrimento, pois que a fonte vinha desequilibrada; o que gerou outro fluxo energético impróprio, afetando diretamente a esfera psíquica adoentada da Flávia, que desejou abandonar o ambiente sagrado do lar e voltar para o submundo nocivo de onde acabara de sair.

Após conveniente pausa, para que os alunos pudessem anotar com tranquilidade suas deduções sobre o tema, retomo o diálogo:

– Pior desarranjo só não aconteceu por intervenção da Espiritualidade Superior que, atenta, inspirou aquele coração de mãe, já habituado à prática da oração, a desprender na direção do Mais Alto grande quantidade de energia de amor. Diante da prece fervorosa e sincera que fez, um céu de luz benfazeja refletiu-lhe na face, irradiando para seus olhos maternos o amor puro e fecundo de Deus, que inundou no fulgor da bem-aventurança da fé todo o Espírito da filha querida; e ela, por sua vez, se viu livre de grande parte dos miasmas deletérios que lhe afligiam o organismo astral.

E me adianto mais:

– Fora essa excepcionalidade, existe o alerta dos mensageiros celestiais para o perigo eminente que há no chamamento amoroso de uma mãe ao rebento morto precocemente, pois o pensamento é uma energia eletromagnética de enorme amplitude, capaz de gerar uma onda de atração mental poderosa na direção do ser visado, que, no caso, sendo um ente querido ainda inconsciente das desmistificações da imortalidade da alma, não conseguirá reagir a outra fonte poderosa de energia eletromagnética que há em si: o sentimento. Desse modo, fatalmente retornará perturbado ao lar, procurando estabelecer um *conúbio mental* com a genitora, agravando o próprio processo de recuperação espiritual e prejudicando de forma despropositada a saúde física e emocional de toda a família, ocasionando, muito provavelmente, fobias, angústias, inseguranças, remorsos e mágoas.

Contorno a fala para dar mais lucidez ao assunto:

– O conhecimento da sobrevivência espiritual em relação à incógnita da morte é de suma importância para o fortalecimento da estrutura emocional da família, porque o medo da morte é um comportamento natural e uma atitude compreensível que age intuitivamente na criatura humana como um mecanismo de autodefesa, no entanto não se deve temer a morte, que é um fenômeno essencial para dar significação ao curso da vida e que não acontece deliberadamente para destruir a felicidade de uma pessoa ou de um grupamento familiar, e sim para...

– Professor – interrompe Ednalva, angustiada –, no chamamento de uma mãe a um filho morto a dor é muito grande. Não há como aceitar. Não há como resistir. Nada consola. O luto não dá trégua, não passa... Eu sei disso, porque senti na pele. Fui mãe e só me conformei com a perda que sofri quando reencontrei meu filho, aqui, neste plano.

A turma toda, perplexos ou não com a objeção da colega, mantém o silêncio.

– Desculpe-me, professor Alexandre! – volta a aluna, um tanto mais calma – Não contive a emoção e o interrompi, desrespeitosa.

– Não se preocupe com isso, Ednalva! – respondo com leve sorriso nos lábios – Foi relevante a colocação, pois sou conhecedor do grande desafio provacional de sua última passagem pelo plano físico. A dor que experimentou foi intensa: silenciosa por fora e profundamente dilacerante por dentro, visto que nunca adormecia no seu íntimo. Do mesmo modo sei do seu esforço, da sua perseverança e da sua ação confiante em Deus para encontrar coragem e vencer as amarguras da fatalidade que lhe foi inevitável, não se permitindo na horas de desalento mergulhar fundo no abismo do desespero, buscando na invocação ardente aos "santos" de sua fé religiosa, à época, o equilíbrio espiritual para seguir em frente e continuar no ofício de costureira, auxiliando o marido na renda doméstica para que nada faltasse aos dois outros filhos menores.

Ainda com atenção ao clamor daquela mãe ali presente, fecho a questão:

– Por isso, seguindo o seu exemplo, Ednalva, é preciso assenhorar o coração de fé e dar-se conta da existência da vida futura, que não termina com a morte. E, dessa forma, não se permitir viver sob o estigma do pessimismo, da falta de sorte, do mau humor, do desânimo, para não se enclausurar em si mesmo, evitando as lutas indispensáveis da experiência terrena. No entanto, sem dúvida, quando a morte arrebata um ser querido, retirando-o ainda tão jovem da convivência e da ternura dos braços de uma mãe, a dor é inominável. Logo, é imperioso nesse momento, principalmente para a recuperação emocional do ser amado que partiu, que a desesperação não conduza os que ficaram para o infortúnio venenoso da revolta. Para isso, tem que se buscar a compreensão do motivo maior para aquela interrupção temporária e não natural no círculo familiar e abandonar a lembrança do rosto imóvel do filho no caixão para encher o coração de certeza de que os laços de afetividade permanecerão, pois a vida é inextinguível e segue além do túmulo. Mesmo que a ferida mal cicatrizada sangre ocasionalmente, diante da ânsia da saudade que não passa, deve-se entender que os desígnios de Deus sempre serão úteis e por demais valiosos ao fim que se propõem.

Noto o olhar da Ednalva um tanto longínquo, fixo num ponto vazio da sala, como a vasculhar as recordações mais íntimas das experiências de si mesma. Aproveito para passar o assunto a demais considerações dos alunos:

– Ainda nos restam alguns minutos até o final da aula. Alguma outra abordagem ou pergunta que queiram fazer?

Carlos, que foi psicólogo na última de suas reencarnações, levanta a mão e se pronuncia em seguida:

– Não é bem uma pergunta! O que eu quero expor está mais para uma análise dos fatos no que pude observar e compreender sob o meu ponto de vista. Não sei bem se a realidade é essa, mas percebi, ali, naquela pequena assembleia na igreja, que os jovens isentos do uso de drogas têm uma conduta social diferente, não só por serem mais alegres e espontâneos, mas, e principalmente, porque fazem questão de somar a sua atmosfera individual à de outras pessoas que lhes são parecidas, formando grupos de amigos de mesmo contexto moral. Isso os fortalece gerando um campo mental coletivo de possante energia psíquica, capaz de repelir o contágio silencioso e furtivo dos bafejadores do mal, que, encarnados ou não, estão, por aí, de plantão.

E segue:

– Penso que a mãe da Flávia fez dois comentários interessantes, que resultam em duas forças de combate às drogas: "Hoje eu sei que um jovem ... precisa de um convívio religioso..."; "... faltaram a nossa filha bons amigos...". São dois pontos de suma importância para se evitar a incursão no mundo dos entorpecentes e, posteriormente, a degradação do contexto familiar. Enquanto más companhias, como já foi dito aqui na sala de aula, afetam negativamente o nosso bem-estar físico e espiritual, porque nos influenciam a corromper as nossas convicções, as amizades calçadas de bons sentimentos são uma conquista relevante fora dos círculos consanguíneos, pois alimentam a autoestima, a lealdade, o ânimo, o cultivo do respeito e da consideração. A amizade salutar, seja de uma pessoa ou de um grupo de amigos, promove uma onda mental que enriquece as emoções e aguça a inteligência no sentido até de fortalecer a autonomia sobre as próprias escolhas e, nesse aspecto, bons amigos nos favorecem com seus bons hábitos e conselhos a identificar e a superar alguma inclinação pessoal ruim. São eles, geralmente, os confidentes da hora por estarem mais próximos e serem menos intolerantes e exigentes que os pais. Do outro lado, há também a orientação religiosa que, despojada de dogmas e fanatismos, é um anteparo para que os jovens fiquem longe das drogas, visto que estimula o crescimento moral e o respeito às regras da sociedade em que se vive. Resumindo, tudo está na fé em Deus que suaviza a dor, traz esperança e ampara quando no encontro com os percalços da vida.

Terminada a rica explanação do Carlos, por minha vez, eu o congratulo pelas palavras cooperativas ao estudo:

– Obrigado, Carlos! Você abordou com muita perspicácia dois pontos cruciais, senão os mais importantes e decisivos, não só ao combate às drogas, mas para o enfrentamento de muitos outros desafios existenciais da vida. Muitos dos sucessos ou fracassos encarnatórios se devem à boa ou má edificação desses dois princípios, que são parte da base de sustentação para qualquer experiência iluminativa.

Carlos sorri satisfeito. Resolvo, então, tecer mais algumas considerações mantendo o foco nos temas expostos, no intuito de consolidar a fala valiosa do aluno.

– Cícero, o grande orador romano, dizia: "Eliminar desta vida esse belo e nobre sentimento chamado amizade é o mesmo que afastar a Terra dos generosos raios do Sol...". Eis aí uma bela metáfora para aguçar a nossa inteligência nesse sentido.

Uma breve pausa para que reflitam rapidamente sobre o pensamento de Cícero, e volto:

– Dentro do vasto oceano de sentimentos dos seres humanos, a amizade real é uma dádiva de amor que enriquece a vida e alarga os horizontes das nossas possibilidades de aperfeiçoamento. Constitui-se numa relação pura de apreço e de confiança. Afasta preconceitos, redime, educa e impulsiona a nossa capacidade de amar para próximo do modelo exemplificado por Cristo, o Divino Amigo de todos os instantes. A própria Bíblia indica que "ao amigo fiel não há nada que se compare, pois nada equivale ao bem que ele é ... é bálsamo de vida..."[36]. O que caracteriza a genuína amizade, aquela que não trai, que não espera compensação, que quer o bem alheio e não se ensoberbece? A resposta está no respeito, na autenticidade da presença, no senso de responsabilidade, no

[36] Eclesiástico 6:15-16

companheirismo mútuo. O bom amigo é caritativo, não anula, resguarda; se expõe a verdade o faz com assertividade, procurando a felicidade do bem-estar do outro.

Como é sempre salutar rememorar os ensinamentos de Jesus na forma em que foram registrados por seus abnegados apóstolos, reverbero dois textos:

– "Como quereis que os homens vos façam, da mesma forma fazei vós a eles"[37]. E para que assim seja, "Dai e vos será dado..."[38]. São duas propostas em que nosso Amado Mestre nos recomenda o altruísmo e a generosidade, que nada mais são que duas qualidades humanas que ajudam a afastar a apatia da alma e a desenvolver boas amizades.

Novo intervalo de tempo para ponderações íntimas e prossigo:

– Considerando agora a vertente das religiões, que, mesmo mantendo diferenças de assimilação quanto aos conceitos das revelações cristãs, impele, a justo modo, os deveres e as obrigações comportamentais para a salvação das almas de seus adeptos, temos aí um escudo de valores ideológicos na retaguarda do entusiasmo curioso e incauto dos mais jovens. No entanto, a religião não pode nem deve se resumir a um estandarte de fé e de adoração sublimada ao culto da sabedoria suprema do Universo, pois que é, sobretudo, um estado de harmonia e de emancipação da inteligência humana rumo ao conhecimento espiritual, nunca exclusivista ou intolerante. Nesse esboço, são os pais, no sacerdócio do lar, os primeiros a transmitir, de acordo com os preceitos da crença religiosa a que se vinculam, as ações que conduzem as tristezas do mal e aquelas que, derivando da fé inabalável em Deus, contribuem para a alegria da felicidade do bem.

Avanço um tanto mais:

– Chegará o dia em que o amor expelirá todas as superstições da Terra. Não mais haverá ateus, céticos ou separatistas religiosos. Uma fé única, simples, grandiosa e fraterna cobrirá todas as nações do planeta; e fará cessar os ressentimentos, as rivalidades e, com elas, todos os flagelos oriundos do or-

[37] Lucas 6:31
[38] Lucas 6:38

gulho que assola a humanidade. Contudo, até lá há muito o que se fazer. Incluindo, nessa conjectura, o suporte religioso que não pode ser apenas teórico, sem lastro, isto é, ausente de comprovação lógica e significativa da existência de Deus, da imortalidade, dos mundos espirituais intensamente habitados. Sem contradita, e por ter uma personificação *filo-religiosa*, a ciência espiritista alcança esses propósitos, compartilhando a patente de seus experimentos não só com os adeptos da doutrina, mas com toda a sociedade em geral, dando-lhes o ensejo de obter, através de uma postura mental de raciocínio íntegro, informações seguras quanto à vida futura; sobre a lei de reencarnação, do livre-arbítrio e, principalmente, sobre a lei do amor: a lei maior, que deve revivescer no coração de todos. De posse desses conhecimentos o jovem, espírita ou não, adquire o equilíbrio consciencial de que precisa para não permitir nenhum abalo na sua estrutura ética e moral e, mesmo com a chegada das tempestades emocionais ou sociais, que passam, avança na busca da autoidentificação e do enobrecimento dos valores humanos em si.

Termino:

– É imperioso, porém, anotar que tanto o atributo da amizade sincera quanto o da comunhão religiosa não impedem a manifestação do "desejo central", que é uma força indestrutível que se mantém pulsante na casa mental da criatura humana e que, por ter carga provacional e natureza eletromagnética, é capaz, se descompensada por alguma dominação negativa sutil, de envolver e intoxicar a razão, chafurdando o ser pensante em situações infelizes. Conveniente, então, condicionar o pensamento e o coração para outro alerta de Jesus, nosso maior Instrutor: "Vigiai e orai, para não cairdes em tentação..."[39]. Isso implica luta e dedicação aos compromissos assumidos, pois entre o que se aspira e o que se faz está a "carne fraca" que, investida no domicílio corporal, por vezes, enevoa a visão do Espírito.

[39] Mateus 26:41

X - O encontro

Novamente nas ruas. Continuava temerosa diante da situação. Não sabia o que fazer, a quem pedir ajuda. Receava esbarrar com a Sandra ou com alguns dos seus comparsas e que eles me forçassem a consumir drogas ou a me prostituir.

E me perguntava: Como cheguei tão longe...? Por que desperdicei todas as chances de estar noutro caminho? Ah, se eu tivesse imaginado na vida de antes a vida de hoje. No entanto, pelo menos, algo melhorara: trazia consciência de mim, do meu estado de morta e da razão desse estado: as drogas.

O reencontro com meus pais me trouxe, de maneira inexplicável, uma energia boa de esperança e uma vontade grande de resistir e de superar as recaídas imprevisíveis do meu vício com a cocaína. Com certo bom humor inabitual, pensei: "*Tô indo bem! Depois de morta já fui até à igreja*". A jornada não seria fácil, porque não basta se sentir forte e decidida; é preciso muita determinação e apoio. Nessa hora vale demais um ombro amigo que some na sua vontade e esforço, que diga e repita, quantas vezes for necessário, que é possível vencer e superar; que esteja presente nos instantes incertos de fraqueza ajudando você a se levantar, a perseverar, a renovar-se.

Esse ombro amigo eu não considerava jamais ter do lado de cá: seria eu por mim mesma e só. Como não tinha pra onde ir, permaneci um pouco mais nos arredores da praça da igreja. Foi quando me chamou a atenção um velho mendigo esmolando.

Curvado sob o peso dos anos e caminhando lento e retraído, ia aqui e ali segurando com uma das mãos um saco de linho sobre os ombros, enquanto a outra, a esquerda, permanecia estendida na direção dos mais bem afortunados na tentativa de coletar algum donativo, o que vinha raro: poucas pessoas se sensibilizavam dando-lhe algo. Contudo, recebendo ou não qualquer coisa, ele agradecia:

– Desculpe-me pelo incômodo. Que Deus, Nosso Pai, lhe abençoe!

A primeira vista, um mendigo igual a tantos outros. Figura costumeira dos pedintes de rua dos centros urbanos e que batalhava ali pela sua sobrevivência diária.

Nunca havia me importado ou reparado nesse tipo de gente; as vezes, até os via como meros aproveitadores da bondade alheia, mas aquele velho andarilho era diferente; havia nele um aspecto muito incomum, pois que conservava no semblante castigado pelas marcas do tempo, um misto de sabedoria com gratidão, de sofrimento com honradez, de justiça com verdade, de verdade com perdão. Os olhos, de vista cansada, traziam no brilho distante grande dose de humildade, mas nada de submissão.

Eu podia jurar: ali estava uma pessoa que já tivera papel importante na sociedade; um patriarca destronado que, por algum motivo, se desgarrara do seio da família. Mas por que não trazia a expressão da revolta, do desespero estampado no rosto, e sim, um ar de calma, de quase invulnerabilidade, diante daquela situação vexatória de miséria? Fiquei intrigada. Curiosa. Haveria de ter uma história dramática e não revelada por traz daqueles passos lentos. Por que não aproveitar do meu estado de invisibilidade para desvendar o mistério? Por que não me aproximar e segui-lo?

Particularmente, não pretendia ficar vasculhando a vida de ninguém, ainda mais do velho mendigo, que pouca coisa poderia acrescentar ou ajudar. Contudo, seria uma forma de distrair meus pensamentos até descobrir um jeito de prosseguir vivendo naquele mundo estranho e tão perturbador pra mim.

Continuei observando o velho, que, do seu modo resignado, ia recolhendo a caridade das ruas. Não saberia dizer o porquê, mas seus olhos me lembravam o mar, mesmo não sendo verdes ou azuis. Por fim, quando a claridade da luz do dia já definhava no horizonte, o mendigo pôs-se a caminhar para longe da praça. Andava lento pelas calçadas e atravessava as ruas com extremo cuidado. Resmungava baixinho qualquer coisa, talvez estivesse delirando, rezando ou relembrando o passado, quem saberia?! Quem se importaria?! No momento, eu me importava...

Com a proximidade da noite, o vento soprava mais frio e cortante. Dava a impressão que deveríamos estar no inverno. Não tinha nuvens no céu. Ele, porém, parecia não se preocupar muito com o tempo. Não mudava o ritmo da passada. Caminhava devagar.

De repente parou na frente de uma casa bem simples. Colocou o saco de linho com seus guardados preciosos no chão e bateu palmas. Não demorou e foi atendido por uma mulher de aparência jovem, seguida por três crianças pequenas; um tanto magras e mal vestidas. Antes mesmo que o velho esboçasse qualquer fala, a moradora, misturando doçura e tristeza no olhar, lhe disse:

– Ah, meu senhor! Sei que deve estar com muitas necessidades, com fome e, talvez, precisando de dinheiro para algum remédio... Sinto muito, nada posso lhe dar, a não ser, no máximo, um copo d'água.

– Dona! – atravessou o velho mendigo. – Um copo d'água é justamente do que eu mais preciso.

– Sim..., então, eu... – respondeu ela embaraçada com a resposta inesperada do velho. – Filha – disse, se dirigindo a uma das meninas –, vá buscar um copo d'água para o cavalheiro.

E a moradora da casa, enquanto esperava a filha voltar com a água, disse para o pedinte:

– Queria poder ajudá-lo de outra forma, mas estou tão desvalida de recursos... Somos pobres! Hoje mesmo, somente pela manhã, consegui enganar a barriguinha dos meninos com algum alimento. A despensa está vazia, não temos mais o que comer. Vou precisar recorrer à generosidade dos vizinhos, que também são pobres...

Admirei aquela alma humana tão devotada para o bem-estar do outro, mesmo estando tão carente de auxílio para si própria. E ela acrescentou, num tom mais carregado de angústia:

– Sou viúva. Meu marido faleceu há quase três anos, num acidente de moto. As coisas já não iam bem e daí para frente foram só piorando... Eu lavo e passo roupa para fora, mas o dinheiro que ganho é pouco, mal dá para o aluguel e para não morremos de fome. Mas não podemos nos intimidar diante da dificuldade. Deus é pai amoroso e sábio e Dele receberemos na hora certa o amparo necessário. Outro dia eu poderei dar ao senhor alguma "coisinha".

Vi que a fé lhe servia de âncora. Senti um grande aperto no coração. O velho mendigo, por sua vez, fitou aquela mãe com suas crianças mirradinhas e respondeu mansamente:

– Compreendo, dona! Bem sei que, com as bênçãos de Nosso Supremo Pai, ainda passarei por aqui e receberei de suas boas mãos um bom donativo... A vida é assim: um dia temos fortuna noutro nem tanto; às vezes, estamos sorrindo; às vezes, somos pegos chorando; ora alegre ora triste; ora caindo ora levantando. No entanto é preciso continuar vivendo e para isso devemos enxugar as lágrimas para que possamos ver a luz de Deus no caminho que temos a seguir.

– Oh, sim! Obrigada pelas belas palavras e pela compreensão – ela agradeceu admirada com o que ouvira.

O velho sorriu. Serviu-se da água fresca que chegou num copo de alumínio e falou com a mesma mansidão:

– Eu agradeço muito pela água fresca e, mais ainda, pela atenção dispensada a este velho, mas passei por aqui também, caso me permita, para lhe prestar um auxílio no que está ao meu alcance.

– Como!? – exclamou a mãe admirada – Não estou entendendo...

Registrei aquela cena do mesmo modo admirada e sem entender nada, porém o mendigo logo retomou a fala:

– Eu explico melhor: Alguns dias atrás passei por aqui, vi os meninos brincando e pensei em lhes trazer uma ou outra guloseima, talvez balas e doces. Gosto muito de crianças: são a esperança do mundo.

– Ah, tudo bem! É muita bondade do senhor, mas não precisava se preocupar – respondeu a mãe emocionada e agradecida.

– Mas, Dona – voltou ele –, só doces e balas não devem ser o suficiente. Eu trago aqui comigo muito mais do que necessito para continuar vivendo. Sou só e ando por aí tomando minhas refeições pelos bares, pelos cafés e restaurantes da cidade. Tenho sorte, quase nunca me negam um prato de comida.

Dito isso, começou a esvaziar o saco de linho que trazia consigo.

– Veja, dona, eu ganho muita coisa: alimentos, doces, latas de leite em pó, pães e até nacos de carne seca. Para que eu quero tudo isso?

E começou, então, a entregar doces e barras de chocolate nas mãos das crianças, que recebiam o agrado com um sorrisinho tímido e desconfiado.

– Mas... o senhor pode precisar – tentou replicar a mãe, já com a voz embargada de emoção.

– Não. Não vou! – afirmou o mendigo seguro – pelo que sei, dona, ajuntar inutilmente o que faz falta aos outros é pecado. Aceite, é de coração. Pegue também esses "trocados"; não é uma fortuna, mas foi coletado honestamente e sob as graças de Deus; e, quem sabe, dê para ajudar no gás e até para comprar algumas roupinhas para os meninos.

O mendigo depositou nas mãos daquela mãe um tufo de dinheiro enrolado e amarrado ao meio com um barbante e ainda um saquinho plástico cheio de moedas. Provavelmente, seria fruto do que tinha ganho e ajuntado durante um bom tempo de mendicância. Fiquei "passada" com o que vi. Como alguém sem amigos, sem parentes, não tendo nada na vida além da solidão e da extrema pobreza, poderia ainda ser solidário? Se importar com alguém que nem conhece a ponto de se valer da própria penúria para ser caridoso?

A mãe das crianças ficou paralisada. Não sabia o que fazer ou dizer. O velho tomou o saco de linho vazio, aprumou devagar o seu corpo debilitado pelos anos e, por fim, sorridente, despediu-se:

– Até outro dia, dona! Fiquem todos com Deus.

Fiquei com o velho mendigo. Não poderia ser de outra forma. Queria e precisava saber mais. Onde morava? Como seria sua casa? Havia ou não uma família...? E já que não me via, passei a andar mais próxima. Talvez ouvisse dele o resmungo de um e outro pensamento. Nada ouvi. Muito tempo depois dobramos numa rua sem calçamento, toda esburacada, e fomos até o final, chegando à sua casa: um pequeno barraco, sem reboco e parte do telhado recoberto por lona de plástico preto. Não saberia dizer se aquele telhado remendado seria o suficiente para servir de proteção durante uma chuva mais forte. Notei apenas uma porta e uma janela feitas com pedaços de tábuas usadas de construções, havia fendas e rachaduras que permitiam ver o interior do cômodo. Na minha imaginação não poderia haver uma casa pior.

Ao se aproximar mais do barraco, o velho, antes de destramelar e abrir a porta, olhou demoradamente para o alto e começou a conversar com Deus:

– Senhor Deus! Amado Pai! Obrigado por me permitir regressar ao meu lar, depois de mais um dia abençoado de vida.

Fiquei novamente chocada, sem chão. Como alguém podia viver tão miseravelmente, sem o mínimo de conforto, sem qualquer expectativa de futuro e ainda agradecer a Deus por mais um dia abençoado de vida! Achei-o meio louco. E se não fosse um louco, então, no mínimo, estaria zombando de Deus e da própria sorte. Esse tipo de pensamento ruim me trouxe logo um calafrio que me percorreu toda a espinha: foi exatamente dessa forma, na rebeldia e na falta de gratidão pelas coisas boas que possuía, que mergulhei fundo e fatalmente nas drogas. Parei com aquelas conclusões idiotas.

O inquilino, enfim, entrou na sua moradia. Entrei também para dar uma espiada: não havia quase nada no interior do barraco. O piso era de terra batida e, além de poucos utensílios de cozinha, que incluía um bule e uma caneca esmaltada, tinha uma grelha sobre duas pedras com um amontoado de cinzas embaixo, provavelmente uma espécie artesanal de fogão a lenha. Mais ao lado uma prateleira, duas cadeiras e uma pequena mesa, dessas de bar. No fundo, encostado na parede, um estrado de cama, onde o colchão se resumia a vários papelões empilhados. Dois ou três cobertores surrados e nada muito mais que isso. Fiquei envergonhada de estar ali, bisbilhotando. Contudo não quis sair de imediato.

Após certo tempo remexendo aqui e acolá, o velho acendeu um toco de vela que estava na prateleira e pegou de lá também duas latas pequenas. Da primeira retirou dois pedaços de pães amanhecidos; da segunda, um naco de favo de mel que espalhou cuidadoso sobre os pães e, sob a luz irregular da vela, começou a mastigar ruidosamente o alimento. Quando terminou o lanche, devolveu as latas para o lugar de costume e pegou um *livro grosso*, talvez fosse uma Bíblia, já bem usada e amarelada, que estava por sobre a mesa; abriu e ficou lendo, pacientemente, sentado numa das cadeiras.

Tudo nele me intrigava. Sem dúvida, aquela alma pacata, serena e maltrapilha não seria, tão somente, um pedinte de rua. Não podia ser. Deveria haver algo que explicasse não só a sua penúria, mas a estranha generosidade em favor dos que julgava ser ainda mais necessitados que ele. Que coração carregado de nobreza era aquele?

Passados vários minutos, a leitura estava feita. Então, ainda sentado na cadeira, começou a rezar em voz alta:

> Senhor Deus, Pai Todo-Poderoso!
> Permita-me continuar vivendo amparado pelo consolo infinito do vosso amor.
> Que os vossos anjos de luz possam se abrigar no meu coração e fortalecer em mim a fé diante do orgulho e do desespero.
> Que minh'alma se engrandeça inspirada de bons pensamentos e de atitudes corretas.
> E que eu saiba entender a vossa presença no meu caminho...
> E aceitar que tudo que fizerdes será para o meu bem eterno.
> Louvado Seja. Amém.

Terminada a prece, ele se levantou e estirou o corpo cansado naquele amontoado de papelão. Assoprou o toco de vela, e tão logo adormeceu um clarão azulado tomou conta do interior do barracão. Não consegui fitar em nada; sob a luz intensa, meus olhos começaram a arder marejados de lágrimas. Lembrei-me da luz azul de quando vi minha mãe rezando, em casa e de como me senti bem depois da reza. Ali, também, aquela fonte de energia parecia fazer vibrar alguma coisa boa em mim. Não saberia dizer, mas a impressão é que estava mergulhada numa faixa de ternura com estranho e inexplicável contentamento.

Depois que a luz amenizou a intensidade, pude ver nítido o semblante serenamente adormecido do velho mendigo. Um homem simples, humilde e de idade avançada que eu deveria respeitar a privacidade e a história, a qual não me cabia a pretensão de conhecer. Como não tinha mais nada que eu pudesse e devesse fazer ali, saí.

Do lado de fora da morada, além do silêncio da noite fria, senti um perfume de flores passando por mim. Respirei fundo o aroma. Foi quando ouvi:

– Minha jovem! Nada ou ninguém realmente se parece por fora com o que é de fato por dentro. Nem eu. Nem você.

O susto foi tão grande que paralisei. Gelei. Na hora, entre o susto, o medo e o suspense, tive vontade de sair correndo, mas para minha própria surpresa voltei-me na direção da voz e olhei sem saber bem o que via: parecia o velho, no entanto as feições estavam bem menos maltratadas pelo tempo; roupas limpas, sem rasgos ou remendos e olhos, que lembravam o oceano, mais lúcidos e serenos.

– Quem é você? – perguntei, aflita.

Ele sorriu antes de responder.

– Pelo que pude perceber você esteve comigo, me observando, por boa parte do dia. Assim, deve saber quem eu sou.

– O velho... mendigo!? – exclamei espantada. – Então aquela luz azul... Você morreu?

Gelei de novo quando perguntei isso.

– Não! Ainda não... – voltou ele imperturbável. – Tenho, por permissão de Nosso Pai Maior, um tempinho a mais por aqui.

Ufa! Não sei o porquê, mas me senti aliviada e menos aflita. Notei um cordão luminoso saindo-lhe da testa e indo direto para o interior da moradia. Nada perguntei, mas, provavelmente pressentindo a minha sempre intensa curiosidade, atravessou:

– Esse cordão fluídico que você está observando em mim é o elo que me retém ao corpo físico. Só quando esse cordão se rompe significa que a morte finalmente nos alcançou, que nos livramos da veste física. Como vê, no momento, estou apenas fora do corpo de carne devido ao recurso reparador do sono, mas antes que o nosso amigo Sol possa anunciar o novo dia, eu já estarei de posse do meu instrumento de aperfeiçoamento temporário na Terra.

Mal consegui compreendê-lo. Como crer que ele estava ali, nem morto nem vivo, conversando comigo? Percebendo-me extremamente confusa e para não piorar as coisas, ponderou:

– Não se preocupe com essas informações. Em breve, você poderá resgatar para a sua consciência espiritual um mundo de conhecimentos. É só se manter vigilante e saber que Deus é conosco.

As palavras saíam dóceis da sua boca e transmitiam confiança. Como eu pouco ou nada tinha a perder, aproveitei para conversar e desabafar:

– O senhor, pelo que diz, ao menos está vivo... Eu, infelizmente, já morri e morri por preferir viver mergulhada no mundo das drogas... Fui tola e fiz muita coisa errada. Não usei a inteligência para respeitar os meus limites, nem para ouvir os meus sentimentos mais profundos. Por isso estou aqui morta, sem rumo e com coração carregado de remorso e de tristeza. Não sei o que fazer; como recomeçar nesta vida de cá. Na realidade, eu nem sabia que existia vida do lado de cá... Eu tenho medo. Muito medo de ser reconhecida como usuária de droga. Medo da minha compulsão viciosa. Medo de desmoronar e de voltar para o lugar sombrio e trevoso de onde, por milagre, consegui escapar... Ah, meu bom senhor, eu tive tudo para ser feliz e joguei fora.

Desabei a chorar.

– Minha jovem, não chore! Nesse momento, em que não se pode desfazer o que foi feito, é preciso erguer a cabeça e aceitar os acontecimentos passados com serenidade e buscar outras energias para fortalecer a sua alma ferida. Peça a benção prodigiosa de Deus e confie nos dias do porvir.

Havia um tom paternal na fala bondosa e clara daquele meu inesperado orientador e amigo de última hora. E ele prosseguiu:

– Se não há ponto final para a vida é porque devemos prosseguir de onde estejamos. Mesmo do lado de cá, você pode tanto e não só prosseguir vivendo como também, e igualmente, melhorar e fortalecer o seu aprendizado de amor. O amor enriquece o espírito e quebra facilmente as correntes do mal em nós. Nada resiste ao amor, contudo, para vivenciar esse dom divino, que a tudo cura, você não deve ficar por aí perambulando distraída pelas ruas, amedrontada e maldizendo a si pelas ações passadas. Levante a cabeça e preste mais atenção nas coisas, nos fatos e entenda que você perdeu apenas uma batalha na sua existência infinita, porém prossegue viva, e bem viva, e novas e maiores possibilidades de recuperação lhe irão acenar, com toda certeza.

E me olhando com uma expressão mais séria, ressaltou:

– Novas possibilidades virão, agarre-as com determinação, coragem e entusiasmo, mantendo-se firme na fé, desvencilhando a mente das velhas e impiedosas armadilhas do passado. Pense em seus pais, em Nosso Senhor Jesus. Eles serão o seu porto seguro, são quem lhe darão forças para se livrar das trevas do pessimismo, do cansaço e da descrença.

Aproximando um pouco mais de mim, acrescentou:

– Creia! Jamais estaremos só nem desamparados nesse ou noutro mundo qualquer. Deus, nosso Pai Eterno, diante do nosso testemunho de amor, sempre nos enviará o consolo na forma de novas experiências e compromissos futuros e até mesmo na forma de amigos improváveis, como eu.

Dizendo isso, sorriu carinhosamente.

Fiquei imóvel, como se tivesse sob algum encantamento. Não sabia o que dizer ou fazer e, antes que eu tomasse qualquer atitude, ele estendeu a mão direita tocando de leve o meu rosto e disse:

– Minha filha, agora você já sabe que a vida continua, e continua do lado de cá para todos. Assim, cedo ou tarde você deve reencontrar as pessoas que lhes são caras ao coração. Trabalhe para isso. Saiba que Deus nos ama e que nos observa continuamente, esperando que tomemos logo a nossa boa ação no Bem.

E com o olhar repleto de generosidade, finalizou:

– Eu preciso ir agora. Fique em paz. Não se esqueça: Jesus é o sol de nossas almas. Um sol em nós, que, tanto na vida como na morte, segue iluminando o caminho que temos para Deus.

XI - Convite a vida

Flávia, já tendo completado o depoimento do dia com a mesma clareza e simplicidade de sempre, aproxima-se um tanto mais de mim e, com o olhar portando doce encantamento, solicita:

– Antes de ir, se for possível, professor Alexandre, gostaria de passar aos colegas uma das impressões que tive e ainda tenho do "senhor das ruas" que foi tão atencioso e bondoso comigo.

– Claro, fique à vontade, respondo sem hesitar.

– Já me disseram que, em momento oportuno, vou saber quem ele é, de fato. Apesar da curiosidade aguçada, vou aguardar, pois sei e compreendo que agora devo voltar a atenção para a minha recuperação. Porém o que me deixou *encasquetada* diante das lições daquele ancião, todas carregadas de luz e sabedoria, foi a facilidade e a naturalidade como ele buscava Deus em todas as suas ações: tanto na hora dos donativos, quando os recebia ou não; quanto nas palavras sinceras e dignificantes que dirigiu a mim e àquela pobre mãe. Uma força divina parecia viver impregnada nele e pronta para consolar, incondicionalmente, porque nada do que dizia vinha desacompanhado por um sentimento de compreensão, de crença, de esperança ou de fé em torno de algo maior e verdadeiro... Não sei! Só sei que algo invisível e inabalável o tranquilizava e, mesmo naquela situação de penúria e solidão, seguia dando importância à vida. Ele até sorria, como se tudo estivesse bem e em paz. Passava a impressão de ter certeza de que a felicidade o aguardava no futuro e caminhava sem afobamento, não guardando qualquer tipo de preocupação com o dia e a hora da chegada da morte. Essa postura clara de bondade e de extrema confiança me fez pensar que eu, possivelmente, estaria ali, naquele barraco humilde, diante de um verdadeiro *Anjo do Senhor* disfarçado na Terra. Um pensamento tolo, mas que me vem à cabeça quando faço minhas orações e agradeço pela passagem, mesmo que ligeira, desse amigo inesquecível do meu coração.

Sumamente impressionado, observo:

– Tudo o que lhe sensibilizou os sentidos nesta questão tem uma porção grande e pura de verdade. Sente-se! Nossa querida Rosália vai entender e irá permitir tê-la conosco por um pouquinho mais de tempo.

Retomo o fio das considerações:

– O Espírito por onde vai, esteja revestido ou não de um invólucro carnal, mantém preservado o mérito de suas conquistas evolutivas. O irmão que a amparou e lhe fortaleceu o ânimo com bons conselhos não é diferente, mas pelo fato de estar reencarnado é certo que tem ainda alguns degraus a percorrer no despojamento das impurezas contraídas pela suscetibilidade da matéria. Entretanto, mesmo estando ele retido num mundo de provas e expiações e sofrendo as injunções necessárias ao próprio aperfeiçoamento, já se distingue pela amplitude de seus sentimentos e pelo bom direcionamento de seus conhecimentos, irradiando vibrações de harmonia, fraternidade, indulgência, piedade e boa vontade de servir, inclusive sendo capaz do sacrifício em benefício da felicidade alheia. Um Espírito humilde em um homem de bem, que denota elevada noção de bondade, respeito, compreensão, sabedoria e amor. Enfim, um exemplo de como atenuar o sofrimento em si vivenciando Jesus na prática das virtudes do Seu Evangelho. As circunstâncias, porém, ainda não fazem dele *Anjo do Senhor* no sentido da plenitude celestial de um *Espírito de Ordem Maior*, mas posso afirmar, com segurança: todo aquele que não mais permite que a escuridão contraste com a luz da razão caminha firme e rápido na direção da própria sublimação espiritual.

Continuo:

– Infelizmente, o espesso nevoeiro de nossas inquietações íntimas nos furta a visão multiforme do amor infinito e, portanto, raramente enxergamos as tantas dádivas que Deus cuidadosamente nos espalha pelo caminho. Assim sendo, Flávia, você faz bem em colocar o bom "senhor das ruas", agora seu amigo, em suas preces.

Ela sorri, timidamente, e eu prossigo:

– No mais, quero fazer um adendo no que devemos entender por fé, crença e esperança, que, como viram ditos a pouco pela Flávia, são termos utilizados rotineiramente para caracterizar as nossas convicções. A princípio parecem sinônimos, sobretudo no âmbito religioso, visto que as três palavras possuem uma ligação intrínseca muito forte com outra: confiança. Palavra essa que traz, em si mesma, o paradigma de quem acredita, sem haver a necessidade absoluta, racional ou justificada de comprovação. Todavia, quanto ao sentido de aplicabilidade à vida, as diferenças são evidentes. Crença é um conjunto de valores e informações que passa a sensação de verdade e se adota como se fosse, sem qualquer questionamento. Já a esperança é um estado de espírito de quem aguarda numa visão prospectiva do porvir um processo de fatos, acontecimentos e situações para melhor; e a espera pode ser mais ou menos frustrante de acordo com a fé que a sustenta. Sendo a fé, por sua vez, uma energia pessoal, intransferível e imperturbável, que gera um sentimento de crença inabalável sobre a realidade existencial do momento presente, ou seja, a fé está naquele que sai da oração já certo de que recebeu a graça de que se faz merecedor, e não com a esperança de recebê-la na medida que crê e confia.

Rosália, estando sentada mais ao fundo da sala e aguardando paciente por Flávia, levanta-se e demostra domínio do tema:

– Professor Alexandre, na carta do apóstolo Paulo aos Hebreus há uma definição interessante e que vai ao encontro do exemplo que deu: "A fé é um modo de possuir aquilo que se espera..."[40].

[40] Hebreus 11:1

– Exatamente! – afirmo. – Obrigado pela ajuda, Rosália.

– Não só agradeço como aproveito para fechar a questão: – A fé, em qualquer das definições que a mente humana possa alcançar, é presença viva, sem princípio ou fim.

– Então, professor!? – volta Rosália num tom irreverente e humorado. – Depois da minha legítima e oportuníssima colaboração, devo agora lhe tomar a Flavinha. O pessoal do transporte está aguardando.

– Claro, minha irmã, já concluímos por hoje.

As duas saem. Retomo a aula.

– Há algum trecho da fala da nossa convidada que vocês queiram destacar?

– Acredito, professor, – diz Gabriel – que tudo o que veio a acontecer com a Flávia, fazendo-a iniciar a sondagem de si mesma e o desprendimento das sombras em que vinha mergulhada, deu-se no momento em que o sentimento de culpa, misturado a certa dose de remorso, tocou-lhe o coração. Essa precipitação das emoções só aflorou quando ela ouviu o depoimento dos genitores, principalmente o da mãe se autopunindo e se suprimindo da felicidade em razão das fraquezas, rebeldias e descontrole da filha. Ali, houve um "click" que lhe trouxe uma energia mental de responsabilização, sem, contudo, arrastar-lhe a alma culpada para o ciclo febril da revolta e das lamentações; ao contrário, estimulou-lhe a coragem para que, mesmo atormentada pela dor contínua do arrependimento, encontrasse outras perspectivas de vida. Era, a meu ver, a magia da esperança alimentando suas fibras mais íntimas.

E continua:

– Diante do afortunado comportamento, ela se tornou alvo de "forças maiores do infinito" que passaram a lhe proporcionar meios para executar a própria obra de transformação. Dessa forma, penso eu, é que surgiu o impulso de adentrar a igreja e ouvir as inferências sábias do padre, como, igualmente, de se inspirar em seguir o pedinte e enriquecer o coração de sentimentos bons e consoladores. Duas atitudes apenas e que encadearam as coisas para melhor, pois lhe conduziram o pensamento para o empenho na tarefa íntima de transformação, ajustando sua mente na vontade de cura real da sua enfermidade.

Gabriel Heleno, um jovem de vinte e seis anos, de olhar tranquilo e confiante, que desembarcou nas paragens do mundo astral há cerca de dois anos. De família espírita, tinha acabado de concluir o curso de Engenharia Civil quando, no retorno de um passeio com amigos a uma pequena cidade vizinha, sofreu um acidente automobilístico que lhe interrompeu a trajetória no mundo físico. Os pais, mesmo diante da dor imensurável, procuraram reconfortá-lo no além-túmulo mediante a irradiação de preces intercessoras de compreensão e de amor, que não tardaram a repercutir o seu poderoso pulso luminoso curativo no corpo mental do filho, acelerando lhe o resgate dos conteúdos espirituais e o retorno ao trabalho de desenvolvimento do seu plano evolutivo, conforme o imperativo do progresso capitulado nas leis maiores do Criador. É um rapaz de inteligência emocional equilibrada, muito atento e sumamente lógico nas ponderações que evidencia, procurando nas vezes em que se manifesta estabelecer pontos de vista de forma justa e agregativa. Não há dúvida que ele, ainda tão moço na aparência de agora, seja um bom exemplo de como a inteligência, um atributo individual do Espírito, acumula conhecimentos e experiências através dos séculos vividos, que vão sendo lentamente lapidados pelo cinzel afiado das reencarnações. E assim será até que alcance o brilho pleno da sabedoria.

– Bem, é realmente isso, Gabriel! – digo, sem lhe enaltecer a conclusão para não destacá-lo dos demais alunos – Há guardiões celestiais a postos por toda a pradaria terrena aguardando não mais que um pequeno sinal de apreço à fé legítima em Deus para se movimentarem no intuito de acalmar as inquietações tormentosas dos corações em desalento, guiando-os de inúmeras formas nas retificações das suas injunções penosas.

Prossigo com a questão examinada pelo aluno:

– O desenho espiritual de possibilidades de recuperação das tragédias que cometemos contra nós mesmos se dá quando não mais resistimos ao peso dos nossos próprios destroços morais e, na intenção do alívio, potencializamos a mente com a energia ativa do *arrependimento*, que é uma reação de caráter emocional estritamente ligada ao *remorso*, outro impulso de natureza energética, só que mais denso e que gera um estado de inquietação patológica que repercute opressivamente na consciência que, estando martirizada no sentimento de *culpa*, se autoflagela rodeada pelo espectro danoso da tristeza, da frustração e do desespero.

Breve pausa e retomo o assunto, que parece de agrado geral, visto que são parâmetros emocionais já vivenciados por todos.

– Caminhar pelos três estágios de libertação mental não é algo tão simples. Às vezes, a criatura humana se retém no sentimento de culpa e não reage para asserenar as emoções e encontrar a trilha necessária do remorso; fica ali com a porta aberta à invasão de processos obsessivos externos e internos como autopunição depressiva. Por outro lado, mesmo alcançando o patamar do remorso, já determinado e aceito pelo *complexo de culpa*, o foco da dor não pode ter um sentido psíquico horizontal, isto é, de que caso as consequências ruins das atitudes reprováveis em si passarem, em razão de algum reajuste entre as partes credora e devedora, o suplício automaticamente se dilui e o mal cometido está pago. Não é assim. Sem o esforço reparador, no qual se aprende com o erro, não há renovação dos valores comportamentais e morais; a corrigenda não se conclui e novas brechas para as sombras, com consequências indesejáveis, chegarão mais avassaladoras. Isso pode não só gerar crises relacionais consigo ou com o próximo, mas também conduzir ao desarranjo neural da alucinação, no qual, sem o discernimento racional das ações passadas, se opte pelos transtornos da solidão, da tristeza ou, pior, prefira o convívio com o ódio e a vingança doentia.

Finalizo:

– Conquanto sejam os primeiros passos, a culpa e o remorso, para que tenham um efeito positivo no processo de reparação consciencial, não podem ser estáticos e devem favorecer o quadro mental do arrependimento, que é bem melhor. Neste há uma mudança de temperamento, de conduta, de aceitação e de compreensão, sem revolta. Afeta, pois, a relação com Deus, sintetizando a verdade e inspirando o exercício do amor. O exercício do amor é uma energia que emana virtuosa do coração e que logo se expande na alma projetando-se na virtude do perdão aos outros e a si; com isso, conduz o Espírito a adquirir novas reservas morais e a promover a autocura. Nesse momento, não importa o custo amargo das aflições de reajuste nem o acúmulo dos juros de angústia capitalizados pela demora da disposição para a quitação do débito, o que vale é saldar a dívida com a Justiça Divina e voltar a caminhar para a frente rumo ao aperfeiçoamento espiritual.

Alfredo ergue o braço direito solicitando a palavra. Aceno-lhe positivamente com a cabeça.

– Fiquei impressionado com uma frase carregada de generosidade do velho mendigo: "ajuntar inutilmente o que falta aos outros é pecado". Ele não só disse como doou tudo do pouco que tinha àquela jovem mãe necessitada. Lembrei-me de *O* Óbolo da *Viúva*[41] e do peso de suas duas moedinhas na "balança da bondade". Passados dois mil anos do acontecido anotado por Nosso Senhor Jesus aos discípulos, encontramos pessoas como esse senhor das ruas, andrajoso e, talvez, até em condições de vida piores do que as da pobre viúva do Evangelho, carregando e praticando um sentimento tão nobre... É de se emocionar e nos fazer acreditar mais na humanidade; de realmente "fazer aos outros o que se gostaria que nos fizessem".

Com os olhos teimando para não deixar cair uma lágrima, comovidíssimo, faz uma pausa e volta:

– Por acaso, professor Alexandre, perdoe-me a insistência, mas há alguma informação a mais sobre ele, o mendigo? Seu nome, talvez?

A pergunta despertou ansiedade em toda a classe pela resposta. Antes, porém, contemporizei:

– O nosso amigo nos trouxe várias lições entre as quais a de fazer o bem simplesmente pela satisfação de servir. Vejam, quando ele perambulava pelas ruas, no silêncio da penúria dos seus dias, aproveitava para observar o que ia oculto nos semblantes das pessoas: ansiedade, indiferença, falsa caridade. Jesus, o Divino Redentor, era também um observador

[41] Marcos 12: 41-44

atento das atitudes humanas; Ele, diante da simplicidade dos fatos do cotidiano, oferecia lições vivas a Sua obra de autoeducação da humanidade. Essas lições milenares repercutem até os dias de hoje, visto que são elas ainda o melhor caminho para a suprema felicidade.

Noto os olhares embevecidos com a explicação, mas carregados de expectativa com o desfecho final da fala.

– Apenas Espíritos de corações repletos pelo sentimento do amor são capazes de entregar o máximo de si, sem esperar nada em troca. Doar do que sobra, quando o propósito não é senão o auxílio a uma causa nobre, sem o orgulho da ostentação, é desejável e meritório, todavia não é algo difícil, pois que de nada ou de muito pouco se priva. Ao contrário, quando a ação de benevolência tem como indispensável o desprendimento e o sacrifício pessoal para a sua realização, mesmo que o tributo oferecido seja mínimo, há aí, acima de tudo, maturidade espiritual abrindo espaço para o banimento do egoísmo e a aquisição do sentido da fraternidade, que rege a vida em todas as suas expressões e finalidades superiores da existência.

Por fim, acrescento a resposta à pergunta do Alfredo:

– O nome do nosso amigo, que encarnado na Terra seguia, como disse a Flávia, curvado sob o peso dos anos coletando sua subsistência diária de uma e outra pessoa que se sensibilizavam com o seu fadário, é Francisco Gomes. Um homem antes muito rico e de fino trato. Muito culto. Quando moço chegou a morar no continente europeu até completar os estudos acadêmicos. Retornou à pátria brasileira, após vários anos, para tomar posse dos empreendimentos da família, que herdara: uma enorme fazenda produtora de cacau, na região sul do estado da Bahia. Do velho patriarca, seu pai, conservara a firmeza do caráter e a honestidade. Trabalhador e de inteligência aguçada, prosperou, aumentando ainda mais a extensão dos seus latifúndios. Casou-se e não teve filhos. Apesar da fortuna, vivia de modo simples e longe da ostentação. Religioso convicto, fazia generosas doações nas quermesses da igreja. A esposa, nem sempre vista a seu lado e um tanto diferente na forma de ver e viver a vida, gostava do requinte social, das joias, das viagens e de todo o luxo que o dinheiro farto do esposo podia oferecer.

Os olhares curiosos dos alunos sobre mim demonstram o crescente interesse deles pelo desfecho da história.

– Em todos os registros de informações possíveis ao nosso acesso, Francisco Gomes é uma pessoa do bem sob vários aspectos: patrão justo, respeitoso e humano. Tivera centenas de trabalhadores rurais às suas expensas, aos quais, além do salário, fornecia cestas alimentares em troca dos filhos dos serviçais na escola. No entanto, a vida assinala para todos um período reverso, de estiagem mais ou menos longa na medida da capacidade de resistência espiritual de cada um. E é no "tempo contrário" que os desafios maiores são propostos no intuito de favorecer a iluminação do discernimento rumo à primazia de novas aspirações e conquistas evolutivas. Por ser assim, foi que grande foco de doenças infecciosas, sem possibilidade de erradicação à época, tomaram conta das fazendas de cacau da região, devastando irremediavelmente todas as plantações. O resultado foi desastroso. Não havia como manter as estruturas das fazendas, sem naufragar em dívidas absurdas. A falência foi inevitável.

Faço uma pausa e acentuo:

– A mulher de Francisco Gomes não suportou a ruína, a desonra de não ser mais abastada, de ficar longe das festas regadas a champanhe. Desesperou-se e, alucinada, lesou fatalmente a própria vida. Ele, porém, diante do caos que se abateu igualmente sobre tantas outras famílias, reuniu todos os seus empregados e, mesmo destronado, ponderou com fidalguia e honradez: "Vocês sabem... Eu estou pobre... Não houve recursos satisfatórios para a salvação da fazenda! Perdi praticamente tudo... A única coisa que pude fazer foi vender alguns pequenos bens derradeiros de que o "Banco" ainda não havia se apossado. Com esse dinheiro, pagarei um último salário a todos vocês... Procurem um outro jeito de ganhar a vida... Um outro destino... Nada mais posso fazer." E após cumprir o que disse, ficou sequer com um níquel. Nenhum ombro amigo apareceu, apenas consolos falsos e sorrisos de deboche da desgraça alheia. Ele, envergonhado, partiu dali e ninguém mais naquelas paragens teve notícias do seu paradeiro.

Faço uma pausa maior, pois que muitos dos alunos não contém as lágrimas. Os conceitos implícitos na verdadeira riqueza de Francisco Gomes tocaram-lhes fundo. Contudo preciso retomar o fio das considerações, fortalecendo-lhes o ânimo:

– A vida prossegue; sempre haverá um amanhã. A história não termina, porque a vida não termina. Tudo se resume em aprendizado e conquista para o Espírito. As quedas fragorosas passam e nada é insuperável perante as leis Máximas da Criação. Francisco Gomes, quando detentor de grande fortuna, não se deixou seduzir pelo fulgor do ouro; no entanto, quando longe da influência do dinheiro, permitiu que sua alma se enriquecesse ainda mais nos tesouros da fé. Deixou-se tocar pela humildade, o que lhe trouxe sobriedade para enxergar suas potencialidades e a agir com retidão de consciência, combatendo, em si, reações de desvario emocional como a revolta e o desespero e outras de ordem personalista como o egoísmo e a hipocrisia, edificando, no momento propício das adversidades, qualidades morais cotejadas de predicativos especiais: paciência, resignação, tolerância, disciplina, boa vontade e candura, que lhe tornaram a existência física mais apetecível, positiva e vitoriosa. O quadro dantesco das desigualdades humanas ou mesmo a imagem das suas venturas pretéritas roladas na escadaria dos desenganos não o impediram de deixar o coração exposto ao convite virtuoso da piedade, que traz consigo a compaixão, o desejo de consolar, de atenuar a dor, de acender uma luz no caminho do próximo. Essa mistura de sentimentos gerou-lhe uma virtude ainda maior: a generosidade, que projeta no outro o seu melhor e atua no bem desinteressadamente, como um sinal de gratidão a Deus pela presença Dele na sua vida.

Termino:

– A felicidade real não se prende ao que se tem, mas resulta do que se faz para ser o que é.

XII - Novos rumos

De um modo geral, após o encontro surpreendente com o velho mendigo, estava intimamente melhor. O turbilhão de sensações ruins ainda se agitava em mim, porém a chama ardente da ansiedade, do temor e do remorso se acalmara um pouco mais. Continuava sozinha e vagando, sem rumo, pela orla da cidade. Não me importando com isso, comecei a reparar na noite que caíra rapidamente. Uma noite com o céu salpicado de estrelas e extremamente fria.

É à noite que tudo se mistura; que tudo fica mais agitado e suspeito. Uma multidão de gente e de coisas estranhas iam e vinham pelos labirintos de ruas da cidade. Senti-me meio que zonza, vários pensamentos rodeavam a minha cabeça ao mesmo tempo. Chegavam emaranhados, sem lógica, carregados de sensações estranhas e pesadas: ora de revolta e aflição, ora de mágoa e desespero. Ouvia conversas e gargalhadas, ouvia choro e gritos horríveis.

Fiquei alerta. Não tinha resposta para nada daquilo e podia facilmente enlouquecer ali. De repente lembrei do mendigo e do que ele disse para observar nas pessoas vivas ou mortas. E observei: a maioria dos insultos, das zombarias e dos gritos vinham de criaturas que não tinham o tal "cordão fluídico", isto é, daqueles que podiam me ver, me tocar e me ferir. Espantei-me comigo mesma: em vez de ficar com medo, julguei ter certa vantagem sobre os demais mortos. Uma conclusão boba e até infantil, mas que me ajudou bastante a estimular a mente, a imaginação e a coragem.

Graças à gentileza da fachada mal iluminada de pequeno prédio abandonado, prestava atenção, sem maiores incômodos, no movimento intenso das ruas. Dos vivos no corpo de carne e que perambulavam despertos por aqui e ali na via pública ou mesmo acomodados nas mesas dos bares traziam dois ou mais acompanhantes do plano dos mortos. O curioso é que havia outros ligados ao "cordão prateado", meio que no mundo da lua, iguais zumbis de filme de terror, zanzando sem rumo.

Do meu ponto de vigília, nas sombras, notei gente bem diferente: pessoas, talvez anjos, radiados de luz, caminhando tranquilamente pelos arredores. Às vezes, se dirigiam a algum morto, diziam algo e lhe impunham as mãos espalmadas por sobre a cabeça; a outros, porém, não diziam nada, simplesmente colocavam direto numa padiola e levavam embora... Passaram perto de mim e não me viram.

Nisso uma garota, ainda viva na carne, bonita e regulando, no máximo, dois ou três anos a menos que eu, vinha caminhando agitada. Logo descobri o motivo: dois caras mal-encarados ao lado dela. Não vi o cordão: estavam, então, mortos. Eles não só a perseguiam, mas ficavam lhe envenenado a cabeça:

– Vamos logo! – dizia um.

– Se emenda, garota ... – gritava o outro. – Não temos a noite toda.

– Você já tem a grana – insistia o primeiro. – Agora é só descolar o *bagulho*.

E ambos, ao mesmo tempo:

– O prazer nos espera... Vamos viajar!

Ela, eu não sei se ouvia aquilo, mas ia seguindo na direção que queriam. Resolvi, num impulso estranho e repentino, seguir o trio. Havia o risco de ser vista pelos dois caras e sofrer alguma agressão, mas inexplicavelmente não senti medo. Algo me dizia, no íntimo, que deveria ir.

Chegando a um ponto de ônibus, a garota parou; recostou-se na pilastra de ferro do abrigo e começou a remexer na bolsa. Foi quando melhor pude ver os três: ela trazia a cabeça envolvida numa espécie de nevoeiro, de onde, pra perto da nuca, saiam uns fios bem fininhos que pareciam conectados ao corpo dos dois caras. Esses fios ficavam em *curto-circuito* alternando constantemente a cor: ora acinzentados, ora alaranjados, ora vermelhos incandescentes. Assustador. Concluí, no entanto, que só poderia ser através daqueles fios estranhíssimos que os caras conseguiam se comunicar com a garota.

Veio-me uma vontade súbita de ajudá-la a se livrar daquele emaranhado de pavor. Mas como expulsar aqueles dois? Fiz, então, algo fora do meu costume:

"Poxa, Deus! Por favor, ajude a menina."

Foi incrível. De imediato, escutei:

– Karina!

A garota se voltou na direção da voz e viu uma de suas amigas da escola se aproximando com um sorrisão no rosto.

– Oi, Paulinha! Que tá fazendo por aqui? – perguntou com pouco entusiasmo.

– Nossa, "Ka"! Que carinha esquisita é essa?! Tenho uma novidade que vai tirar você desse *baixo-astral* rapidinho. Prepara, que é bomba.

– Fala logo, Paulinha! Tá me deixando ansiosa.

– Calma, eu vou dizer: Estava eu agorinha na casa da "Cris". E adivinha quem ela disse que anda por aí perguntando por você?

– Por mim!? Quem?

– O Marcos, do segundo ano. Aquele gato!

– Paulinha, não brinca comigo assim, eu não gosto.

– Não é brincadeira não, sua boba. Ele tá caidinho por você.

A garota ficou vermelha como um tomate e sorriu meio que envergonhada. Tão logo passou o choque da *supernotícia* inesperada, segurou a mão da amiga e disse aflita:

– Me conta tudo... Tudo mesmo! *Tim-tim por tim-tim*.

A conversa, ali mesmo no ponto de ônibus, ficou animadíssima. A possibilidade do namoro mudou tudo. Foi tanto que as nuvens escuras em volta da cabeça da Karina foram se dissipando, inclusive os tais fios estranhos.

Fiquei feliz! Mesmo sem entender bem o que acontecia. Os caras, ao contrário, pareciam saber o que acontecia. Ficaram transtornados. Piraram. Gritavam palavrões e tentavam desesperados afastar a amiga intrusa, que, tranquila, não os percebia em nada. Eles, então, vinham até a Karina tentando passar algum tipo de comando, mas ela não se afetava mais. Por fim, esbravejando, foram embora.

O bate-papo entre as amigas seguiu por um bom pedaço de tempo. Quando se despediram, decidi acompanhar a Karina. A cabeça dela girava nas nuvens. Sem dúvida estava feliz. Pensei comigo: que mal faria se eu tentasse conversar com a garota? Se aqueles caras conseguiam, por que não eu? Arrisquei:

"Oi, Karina! Posso ser sua amiga?"

Nada! Nenhum sinal de que me ouvira. Não desisti. Inclinei-me mais para perto e falei novamente, mudando um pouquinho o foco da pergunta:

"E aí? Vamos ao shopping descolar uma roupa maneira? O Marcos merece ver você bem gata... O que acha?"

Foi incrível. Funcionou. Ela captou o que eu havia falado fácil. Parou e, subitamente, murmurou consigo mesma:

– Hum! É isso! Vou aproveitar a grana da mesada e comprar um *short* lindo que vi no shopping. O gato merece!

A princípio, tive dúvidas da minha influência. Pensei: talvez tenha sido uma simples coincidência. Falei de novo:

"Vamos ao shopping amanhã. Tá meio tarde. Que tal ir pra casa e assaltar a geladeira?"

Fiquei "de queixo caído". Algo mais incrível aconteceu: Ela não só captou o que eu havia dito como respondeu, mas a resposta não saiu pela boca, veio em pensamento, e eu entendi perfeitamente.

"Tá meio tarde. Vou amanhã ao shopping. Tô mesmo é com muita fome... Vou pra casa assaltar a geladeira."

Legal demais. Fiquei voando na curiosidade. Como ela conseguiu capturar a conversa? – perguntava a mim mesma. – Por que na casa dos meus pais ou no meio da antiga turma isso não aconteceu? Tinha que descobrir. Concluí que para desvendar o mistério não devia me desgrudar daquela garota.

Não demorou e chegamos à casa dela. Linda casa. Entramos, e a mãe da Karina no sofá da sala folheava distraída uma revista. Ao vê-la, abriu um sorriso:

– Oi, filha! Que bom que chegou. Se estiver com fome, tem aquela "torta de frango" que você adora... Coma um pedaço! Está uma delícia! Ah, e tem suco na geladeira.

– Oi, mãe! Tá ótimo. Tô mesmo morta de fome.

E fomos as duas "mortas de fome" pra cozinha. Lá, cada uma do seu jeito, nos empanturramos na comida. Hoje, só para registrar, não sinto tanta fome assim.

Terminamos a refeição, e a Karina foi para o quarto. Fui junto. No quarto, depois de mais de meia hora no banho, correu para o celular para atualizar os acontecimentos do dia com as amigas. Não sei se rolou qualquer papo de drogas ou só mesmo sobre o Marcos do segundo ano, porque adormeci primeiro. Apenas me lembro do outro dia, bem cedo, com a mãe dela chamando:

– Karina, acorda! Seu pai vai lhe dar uma carona até a escola.

Acho que ela, de repente, se lembrou do Marcos do segundo ano, porque deu um pulo da cama e se aprontou "a jato".

Aproveitei e, do mesmo modo, fui pra escola. Não entrei, resolvi esperar numa pracinha em frente. Por ali fiquei entretida ora com a algazarra dos pombos ora com as pessoas passando apressadas.

Já quase terminando o horário das aulas notei um movimento diferente no portão da escola. Havia pais aguardando a saída dos filhos, mas também *aviões*[42] e vários desencarnados viciados se agitando eufóricos entre eles, e me desesperei quando reconheci os dois caras que perseguiam a Karina na noite anterior. Procurei ver se o pai ou a mãe dela a esperavam... Não esperavam. Aí não sei o que deu em mim, pois entrei correndo na escola e topei a Karina que já vinha saindo sorridente e tagarelando com duas colegas. Colei nela. Foi ela sair pelo portão, despedir das duas meninas, que os caras chegaram e logo disseram:

– Desgruda, moleca. Essa aí já tem dono!

Fingi que não era comigo. Num impulso, comecei a conversar com a Karina:

[42] **Aviões**: Linguagem (gírias) das drogas – "abelhinha", "vapor" ou "formiguinha" – Microtraficantes que compram pequenas quantidades e revendem nos bares, academias e escolas, com pequeno lucro.

"Ka, vamos ao shopping...? Lembra do *short* lindo!?"

Funcionou de novo. Ela veio rápido para a beirada da calçada, esticou o braço e sinalizou para um táxi. Entramos no táxi. Eu não só suspirei aliviada como vibrei demais com o comando da direção da corrida:

– Toca pro shopping do Centro.

No shopping compramos o *short* lindo e mais algumas coisinhas básicas do vestuário feminino. Tudo perfeito, no entanto algo me incomodava: não poderia ficar o tempo todo ao lado da Karina. Sabia, e como sabia, de como os traficantes são ardilosos e pacientes. Não desistem facilmente. Ficam de tocaia, na espreita, esperando a hora certa de atacar. Ah, e atacam de várias maneiras: às vezes, nos pegam quando estamos tristes, decepcionadas, solitárias ou revoltadas; às vezes, é quando estamos em plena euforia, nos sentindo sabedores e no autocontrole de tudo e, com isso, seguros para experimentar qualquer sensação nova. É o que torna a queda mais fácil. Pena que eu não compreendera isso antes.

Deixando o fracasso de lado, o engraçado é que, dentro de mim, eu havia promovido a Karina ao *status* de minha irmã caçula. De alguma forma, iria salvá-la. Fiquei matutando uma solução e, de repente, lembrei de parte da fala do padre na igreja: "Devemos não só amar e respeitar os nossos velhos, mas também ouvir e entender o que falam, pois que são as únicas alavancas que jamais nos abandonam e com a qual podemos contar sempre para nos sustentar quando estivermos caídos ...". Então, concluí, satisfeita: a solução, a salvação, seria o lar. Não existiriam melhores guardiões para minha irmãzinha.

Voltei com a Karina pra casa dos pais dela. Passei o dia por ali. Descobri a existência de outro filho do casal: Fábio, um garoto esperto e bem mais novo que a Karina, uns seis anos. Havia a Conceição, uma senhora negra apelidada de "Ceiça" pelo menino e tratada dessa forma por todos; era quem cuidava das tarefas domésticas. Achei ela meio estranha, desconfiada; ficava pelos cantos da casa resmungando e fazendo o sinal da cruz. Julguei prudente ficar observando a família a uma boa distância dela.

Karina passou praticamente a tarde toda no quarto escutando música com fone de ouvidos. Foi assim até a Ceiça chamá-la pra jantar.

Com todos reunidos e sentados à mesa, a mãe da Karina e do pequeno Fábio, percebendo o silêncio e a cara amarrada da Ceiça, perguntou:

– O que foi Ceicinha? Que carinha é essa? – e, sorrindo, acrescentou: – os meninos aprontaram alguma, não foi?

– Não! Não Senhora! Os meninos são meus anjos nesta casa... Dona Leila, a senhora me perdoe, mas eu vou dizer: Esta casa precisa de uma boa *benzeção*. Tem umas coisas doutro mundo perambulando por aí...

– Credo, Conceição! – rebateu bravo o pai. – Assim, você assusta a gente e, principalmente, o Fábio, que é uma criança.

– Não me assusto não, papai! – o menino surpreendeu a todos, incluindo a mim que fiquei ainda mais cismada com a empregada – Devem ser os anjos da guarda – continuou ele, inocente – que protegem a nossa casa; a Cecinha não entende. Eles são bonzinhos.

– Anjo da guarda, meu filho!? – voltou o pai, admirado.

– É papai! Anjo da guarda. A tia Stela da escola disse que todos nós temos um, e é quem nos protege e protege também a nossa casa.

– Hum! Então tá: anjo da guarda! – a Ceiça retrucou bem baixinho e saiu na direção da cozinha. Suspirei aliviada.

Passado o susto, e com o jantar terminado, fomos todos para a sala de estar. E a família nem lembrava mais do assunto, quando o garoto especulou:

– Mãe, de que religião nós somos?

– Somos católicos, meu amor!

– Católicos! – atravessou a Karina, com um sorrisinho sarcástico no canto da boca – Mas daqueles que só vão à igreja em batizado e casamento.

– Karina, o que isso!? – asseverou o pai num tom de voz irritado. – Olha a ideia que você está passando para o seu irmão.

– Desculpe, pai! Mas é verdade. Aqui em casa a gente não curte nenhum lance de religião, a não ser no natal.

O pai da Karina ficou vermelho. O sangue deve ter subido todo pra cabeça, e ele falou sério:

– Não seja inconveniente, Karina. Apenas pelo fato de não irmos com regularidade às missas de domingo na igreja, não quer dizer que não temos nossa fé, a nossa religião... Somos todos tementes a Deus.

Algo interessante aconteceu exatamente neste instante. Olhei para o menino e o vi, não sei bem como explicar, florescente. Um círculo de luz amarelada envolvia todo o corpinho dele. Quando chamou pelo pai novamente, parecia que saía da sua boca uma melodia impregnada de amor e de convicção:

– Papai, por que a gente teme Deus? Ele não é bonzinho?

O pai ficou de "queixo caído", paralisado. Não sabia o que responder. Estava da cor de um tomate maduro, quando, por sorte, a Leila veio pra socorrê-lo.

– Fábio, meu amor, muito bem! Deus, o nosso Pai do Céu, é só bondade e amor, e não devemos temê-lo, só amá-lo por todas as coisas boas que Ele nos dá. Sempre devemos trazê-lo no coração e agradecer a Sua presença todos os dias ao nosso lado, nos guardando e protegendo a nossa família e os nossos amigos.

E completou:

– A palavra "temer" que o papai usou é no sentido que devemos honrar e respeitar a Deus acima de qualquer outra coisa, pois Deus é o Criador, o Pai de tudo o que existe: do Sol, das estrelas, dos bichinhos, das pessoas... Agora, meu filho, vá para o quarto brincar com o seu videogame, daqui a pouco a mamãe passa lá e conversamos mais sobre Deus e juntos vamos fazer uma oração bem bonita.

Contemplei o menino que, antes de obedecer à mãe, se jogou em cima do pai e deu-lhe um abraço seguido de um beijo na face. Fez o mesmo com a Leila e com a Karina. Depois saiu correndo pra cozinha, despediu-se igualmente da Ceiça e foi para o quarto.

Tive uma ideia. Soprei nos ouvidos da Karina.

– Acho que também já vou subir... Tenho algumas coisas da escola pra arrumar... Mãe, depois que colocar o Fabinho pra dormir, passa no meu quarto?

– Passo sim, filha!

– Então, tô indo! Um *cheiro* nos dois.

Os pais sorrindo diante do cumprimento maneiro, responderam praticamente juntos:

– Beijo, filha!

Resolvi permanecer na sala. E presenciei os pais conversando, preocupados, sobre a importância de se falar de Deus e de praticar mais o sentimento religioso dentro de casa. Foi tanto que até decidiram ir à igreja com maior habitualidade, levando, é claro, os dois filhos. Por fim, resolveram se recolher. Antes, porém, a esposa comunicou ao marido a sua última tarefa da noite: peregrinação maternal aos quartos das crianças.

Foi primeiro ao dormitório do caçula, que já estava adormecido. Desligou o *videogame*, ajeitou o garoto melhor na cama, deu-lhe um beijo suave na testa e saiu, deixando a luz do abajur acesa.

No quarto da Karina, bateu de leve à porta e entrou, em seguida.

– Oi, mãe! Senta aqui!

Chegava a hora de colocar a minha ideia em prática. A ideia era que ela abrisse o coração para mãe. Nada, coisa nenhuma, de segredo.

– Mãe, eu quero te contar uma coisas, mas quero segredo. Não é para ninguém ficar sabendo.

– Segredo!? – repetiu a Leila.

– Sim! Quero que prometa! Não irá contar nada, nada mesmo, principalmente para o meu pai. E nem pra Ceiça.

– Prometo! Será um segredo de mãe e filha. Pode ficar tranquila. Foi assim com sua avó e eu. Sua vozinha nunca traiu a minha confiança, e eu não pretendo trair a sua. Na verdade, meu amor, fico feliz por poder compartilhar algo íntimo de você; seja o que for: algo bom ou ruim. Sou sua mãe. Sou sua amiga. Agora pare de me deixar ansiosa e me conte o que quiser.

Interferi:

"Ela te ama! É a sua mãe. Conta tudo! Seja forte! ... Seja forte". Fiquei repetindo.

– Mãe, o que eu tenho para falar não é bom... Estou sem jeito de dizer, com medo, com vergonha.

– Filha, não tem problema se é algo ruim. A mamãe te ama. Eu estarei ao seu lado diante de qualquer coisa. Pode falar, sem medo.

Dito isso, segurou as duas mãos da Karina, que estavam trêmulas, e repetiu:

– A mamãe te ama!

Da minha parte, continuei sussurrando: "Conta tudo! Seja forte! Seja forte!".

– Mãe, eu tenho usado drogas.

– O quê!? – assustou-se a Leila.

– Drogas, mãe! Maconha, êxtase ... – confirmou a Karina, franzindo o nariz para não chorar.

– Minha filha... Droga!?

– É, mãe...! Drogas! Tenho gasto o dinheiro da mesada com cigarro de maconha e pílulas de êxtase. Não conta nada pro pai...

– Isto é muito grave, Karina. Seu pai precisa saber.

– Não, mãe. Você prometeu!

– Eu sei! Tá... Tudo bem, então! Vamos procurar as duas se acalmar.

Passados alguns segundos:

– Diga, minha filha, e seja franca com a sua mãe, há quanto tempo você mexe com isso?

– Uns quatro ou cinco meses.

– Virgem Santa! Todo esse tempo ... e você não me disse nada. Foi na escola, não foi?

– Foi sim, mãe!

As duas se abraçaram e começaram a chorar. Chorei também. Acho que até chorei mais que elas, porque sabia como era difícil se manter viva e reencontrar a esperança e um lugar no mundo, depois de mergulhar no oceano negro do vício, de onde quase nunca o milagre de ser resgatado acontece.

Com o rosto todo banhado em lágrimas, a Leila seguiu na conversa:

– Filha, presta atenção: nós duas juntas vamos superar isto.

– Você me perdoa, mãe?

– Karina – disse a Leila, enxugando os olhos na fronha do travesseiro –, você é que tem que perdoar a mamãe por não estar tão presente no seu dia a dia lhe protegendo, lhe ouvindo e sendo a sua principal melhor amiga... Mas de agora em diante tudo será diferente, eu prometo. Essa crise será passageira. Nós vamos vencer juntas, com coragem e fé em Deus. Ele é Pai e não nos faltará nesse momento.

– Mãe, obrigada! Eu não sei o que dizer.

– Não diga nada! Lá no fundo, minha filha, eu estou é até um tanto orgulhosa e feliz, não pelo acontecido, mas por você ter-me escolhido para dividir essa angústia do seu coração. E eu pretendo não te decepcionar.

E se abraçaram novamente. E novamente lágrimas de consolo e de ternura caíram abundante sobre a cama, onde estavam sentadas.

– Mãe, tem outra coisa que quero te pedir.

– !?

– Não quero sair da escola.

– Por quê?

– Tem um garoto legal lá. Um encanto. Talvez a gente namore.

– Minha filha – disse a mãe, num tom mais sério –, o namoro com o garoto legal, tudo bem, mas na escola estão os outros garotos e garotas que te influenciaram a mexer com drogas. A resposta é não! Porque, eu sei, eles vão te perseguir; vão insistir e continuar tentando te convencer novamente... Para que correr o risco? O mais seguro e correto é transferir você desta escola.

– Mãe! Por favor!

Vi que a Leila, dentro dos receios de mãe, não abriria mão da transferência. No entanto, eu queria ver a Karina, não só bem de saúde, mas namorando e feliz. Não resisti e soprei no ouvido dela: "Mãe acredite em mim, as drogas não estão dentro da escola. Ficam com os *aviões* na saída".

– Nossa, minha filha! Que linguajar é esse? Que são esses *aviões*...?

Consertei rápido: "Não é nada demais, mãezinha. Um termo bobo usado para identificar o entregador das drogas, uns os chamam de *abelhinha*, outros de *aviões*. Que são, na verdade, quem trabalha e negocia com os traficantes. Geralmente é um carinha estranho e de outro bairro. Não estuda na escola."

– Credo, minha filha! – exclamou a Leila – até o jeito de falar desses delinquentes você já aprendeu.

Continuei soprando e ela repetindo: "Mãe... Já disse: eles ficam na saída ... perto do portão da escola. É só você ir lá me pegar todos os dias... Por favor, mãe, confia em mim... me dá uma chance... Por favor... Eu tô apaixonada.".

Ao ouvir o *tô apaixonada* a Leila sentiu na possibilidade do namoro, caso o rapaz fosse mesmo legal, uma maneira de fazer a Karina virar a cabeça para outro lado e, finalmente, cedeu:

– Tá! Vou pensar. Mas antes de te dar uma resposta definitiva, quero conhecer este rapaz, que nem sei o nome.

– É Marcos – atravessou a Karina, afoita –, mas como vai conhecê-lo? Não estamos namorando, ainda.

– Eu dou um jeito, não se preocupe.

– Que jeito, mãe?

– Calma! Por exemplo, a semana que vem você completa dezesseis anos. Vamos dar uma "festinha" e você convida o tal Marcos. O que acha?

– Maravilha, dona Leila. Você é um gênio... Te amo!

– Então, de hoje em diante vamos ficar acertadas assim: as duas sempre juntas, e sem mais segredos uma para outra. Agora procure dormir. Tenha bons sonhos. A partir de amanhã, eu mesma vou te acompanhar até a escola, tanto na ida quanto na volta.

Eu fiquei emocionadíssima. Não conseguia parar de chorar. Um choro que misturava alegria, diante da possibilidade de não ver a Karina despencar no buraco fundo das drogas, e tristeza para comigo por não ter agido do mesmo modo quando viva. Devia ter corrido para o colo da minha mãe e contado tudo, logo no início. Ela também entenderia e me cobriria de atenção, de amor. E minha vida talvez fosse diferente. Mas não, preferi ignorá-la e taxá-la de antiquada, como se fosse um ser de outro mundo.

A crise de remorso não durou muito, logo concluí que não adiantava ficar lamentando o que passou. E passei a curtir o resultado daquilo que de bom acontecera. Tanto, que continuei por ali, junto da família, sob o olhar desconfiado da Ceiça, até passar a festa de aniversário. Conheci o tal Marcos do segundo ano, bonitinho, um tanto *nerd*, presenteou a Karina com um livro de ficção científica. Acho que rolou namoro depois. Não sei ao certo, porque resolvi ir embora. Estava tudo bem. Minha irmãzinha de *faz-de-conta* se ajustara legal.

Voltei para as ruas.

XIII - Outros desafios

Chega um momento em que o ser humano cansa-se da insensatez e anseia por integridade; por valores, princípios e padrões que forneçam significação nobre à existência. Surge, em si, uma necessidade de autovalorização originada da essência Divina que se é, e que não deixa de vibrar no íntimo, pronta para eclodir e clarear a consciência, nutrindo o coração de amor. Essa intercessão abençoada muitas das vezes chega através do sentimento de culpa, como já vimos, do perdão e da autoaceitação, que são propulsores ativos da sensação iluminativa de se pertencer a algo maior e melhor; o que produz um resultado imediato na natureza psicológica da pessoa, vitalizando-lhe a disposição para vivenciar a própria capacidade de enfrentar desafios, encontrar soluções e superar medos e limites, pois que a conquista da felicidade a que se faz jus é um esforço de luta intransferível. Isso nada mais é do que a potencialização natural da autoestima, que traz segurança na capacidade de pensar, aprender, compreender e perseverar, quando defrontados com situações desafiadoras e complexas, mesmo que a frustração, o desespero ou a ansiedade surjam em alguma medida, pois se sabe, no íntimo, que se é mais e melhor que os problemas e seus infortúnios, normalmente perecíveis pelo tempo.

Foi após ter-se oportunizado o encontro com o jovem sacerdote da igreja e com Francisco Gomes, que esmolava nas ruas, que a nossa Flávia mergulhou de vez noutra atmosfera mental, positivando sua autoestima que lhe fortaleceu automaticamente a resiliência psíquica contra as adversidades da vida e a inspirou ao edificante trabalho fraterno com a Karina.

O vício no álcool e nas drogas de modo geral resguarda-se de uma intenção intrínseca presa ao inconsciente, em que invariavelmente é para amenizar ou escapar do medo, da insegurança, da angústia, da vergonha, da depressão. Sintomas terríveis e destrutivos, que fazem do universo no qual se vive um lugar inóspito e assustador. Isso que tanto alimenta as atitudes insanas só se dá por não acreditar em si mesmo, na própria competência, no esforço ao altruísmo, na grandeza da vida que se estende para além do que se sente e pensa.

Dessa forma, crianças e adolescentes com bom nível de apreço a si próprios são menos propensos às más inclinações, ao experimento das drogas, porque há outras idealizações se responsabilizando por suas ações e os integrando positivamente ao meio social. O que constitui mais uma tarefa de amor dos pais, que devem saber reconhecer o trabalho do filho, seja na escola, no esporte, no lazer, certificando-lhe da sua satisfação pelo empenho dele no bem, independentemente do tamanho do sucesso obtido. Não devemos ignorar: mesmo com a interferência da Flávia, foi mediante a conversa sincera e sem rodeios, afetuosa e objetiva, com a mãe, que a menina Karina reencontrou o equilíbrio para apurar a autoconfiança e esvaziar a mente dos pensamentos tóxicos e preencher o coração de esperança na possibilidade de novos e salutares relacionamentos.

Termino a preleção sobre o que a Flávia acabara de relatar e abro espaço para as considerações dos alunos, o que logo acontece:

– Professor – aproveita-se Gabriel sem focar diretamente o assunto –, somos a única espécie que pode saber o que é lógico, moral, ético e sensato e, mesmo assim, ir atrás de valores exatamente opostos. Algo bastante estranho na personalidade humana... Por que será?

– Gabriel, não levando em conta o estado insano da rebeldia que se alastra perigosamente pela Terra numa epidemia de caos social e alcança o indivíduo, desde cedo, em pleno reduto familiar, levando-o a atitudes insensatas de toda ordem, temos o pensamento que se sobrepõe ao espírito reproduzindo não só imagens, recordações e sensações, mas sugestionando ideias e comportamentos que, numa ação de tempo mental mais ou menos longa, termina aceito pela consciência como verdadeiro e com forte tendência para se transformar num ato de conduta de vida. Nessa situação, pouco há para se fazer, a não ser esperar que surja uma reflexão instintiva amparada pela clareza da lógica e pela distinção do amor. Isso tudo acontece porque faz parte da natureza do homem exaurir todas as formas de uma ideia que lhe chega, indo ao extremo de suas possibilidades antes de absorvê-la ou não ao intercurso normal da sua evolução. Por outro lado, existem ainda dois fatores que levam igualmente a criatura humana a transgredir seus valores: a ilusão e a emoção. A ilusão, aquela que vem corrompida pela ambição, pela ganância, pela vaidade de achar que a felicidade está nos bens que se pode obter no mundo, mesmo que seja à custa da exploração e do sofrimento alheio. Nessa situação, demorar-se-á para entender que a felicidade está em ser pleno, forte e capaz de viver sem macular a si e aos outros. Já a emoção, que tem sua nascente nas paisagens internas das experiências passadas, para ser positiva, deve apontar no sentido da percepção da verdade e, para isso, necessita entender que a razão ocupa na consciência um patamar privilegiado que lhe é superior na escala das realizações subjetivas, pois quando isso não acontece há grande possibilidade de canalizar sua energia impulsiva para focos de qualquer natureza, geralmente portadores de distúrbios ruins, invertendo ou associando os sentimentos a reflexos menos dignos como ansiedade, medo, rejeição, revolta, que são propulsores eficazes de manifestações mentais perniciosas, como a que leva para a trilha das zonas sombrias das drogas.

Identifico certa ansiedade no semblante da Ednalva e, mediando um sorriso, lhe dirijo a atenção:

– Às suas ordens, Ednalva! Pode perguntar.

Ela não se faz desentendida, e acrescenta bem-humorada:

– Que coincidência, professor Alexandre! Estava mesmo ruminando aqui comigo uma questão: A Karina, que foi maravilhosamente cuidada e protegida pela Flávia, de outra sorte, vinha sendo implacavelmente acuada por dois desencarnados viciados em droga. Eles, pouco a pouco, numa pressão mental continuada, já iam tomando conta da vontade da menina e a embaraçando no vício. Não sei ao certo, mas não me pareceu haver nenhum comprometimento cármico entre eles. Ela também não me pareceu tê-los provocado ou prejudicado de alguma forma; sendo assim, como ou o que ocasionou essa perseguição obsessiva? Foi simples casualidade?

– Já comentamos algo nesse sentido quando falamos de *simbiose fluídica*[43], que ocorre em vista da baixa frequência vibratória do encarnado ao se permitir e permanecer com pensamentos impróprios e equivocados, os quais, em muitas situações, favorecem a conexão com faixas energéticas negativas por similitude do teor fluídico. O pensamento é um fluxo de energia sutil com poderosa capacidade de emissão e recepção de ondas psíquicas e facilmente captável, em especial, no ambiente espiritual, por carregar na sua corrente eletromagnética todas as manifestações humanas: desejos, inspirações, frustrações. Dessa forma, quando se registram no quadro vivo da mente ressonâncias positivas, como alegria, confiança, esperança e fé, fica insustentável qualquer aproximação de natureza extrafísica perturbativa. No entanto, o que mais ocorre, devido às vicissitudes da vida, são estados mentais de mágoa, ansiedade, revolta, preguiça e desconfiança, que não só favorecem o intercâmbio com desencarnados malévolos que vivem por aí à espreita de incautos para lhes fixarem suas matrizes obsessivas, como também provoca uma sobrecarga de energia deletéria nos *centros de força*[44] que, ramificados no corpo astral do indivíduo, devem sempre trabalhar em rotação sincronizada entre si, principalmente por estarem conjugados com as glândulas endócrinas do organismo físico. Isto não acontecendo, devido ao acúmulo fluídico desequilibrado, acarreta para a criatura humana poluída mentalmente, além de processos obsessivos graves, capazes de conduzir à loucura e ao suicídio, doenças igualmente danosas, como a

[43] Capítulo III

[44] O mesmo que "*Chakras*" (centros de captação e transmissão de energia (prana) distribuídos no corpo dos seres vivos)

depressão, de difícil reversão dos efeitos.

Prossigo:

– Também tecemos comentários sobre a *predisposição genética*[45] para a dependência química, que do ponto de vista cármico tem origem na conduta praticada em encarnações anteriores, pois que na vida presente, mesmo valendo-se do véu do esquecimento, os malefícios causados a outros e a si, como, por exemplo, o uso de entorpecentes, permanecem vinculados à consciência e maculados no perispírito na proporção justa do que se haja feito. Dentro desse prisma, então, é o passado que determina o presente, e este, por sua vez, que determina o futuro para melhor ou pior. Não há fugas mediante o concurso do tempo. Nesse particular, o corpo psicossomático acumula na realidade espiritual o patrimônio de valores e dívidas que lhe forem peculiares, e nenhuma atitude, boa ou má, deixará de lhe ser adensada e circunstancialmente registrada, armazenada e exposta no arquivo vivo do espírito, definindo-lhe o grau de evolução. Esse arquivo, que retrata o corpo mental que o caracteriza, permite, entre outros módulos, identificar a natureza da queda de um Espírito vencido, seja na calúnia inveterada pelo hábito da maledicência, pelo sexo descontrolado, pelo pessimismo, pelo culto aos entorpecentes; são esses aspectos propulsores de ondas mentais que fluem numa faixa de baixo teor vibratório, os mais facilmente captáveis por criaturas humanas com a consciência anestesiada para o bem e que circulam livremente pelas zonas astrais próximas ao orbe terreno.

Ajusto o fio das elucidações:

– A lei de causa e efeito, que atravessa a pluralidade das existências, em virtude da necessidade de retorno ao bem ou ao mal que se haja feito, garante sempre o ressarcimento justo, correto e integral do crédito ou débito na consciência de cada alma humana. Por essa forma, Karina trazia alguma inclinação viciosa gravada na sua indumentária espiritual, e a presença da Flávia foi um dos recursos empregados pela Espiritualidade Superior para tirá-la do cipoal de nova dependência química, dando-lhe a oportunidade de continuar liber-

[45] Capítulo III

ta naquela jornada física rumo ao caminho de sua redenção.

Esclareço um pouco mais os mecanismos de indução obsessiva, de sagaz crueldade, por parte de inditosos irmãos que se comprazem ainda com a animosidade da sua retaguarda evolutiva.

– Infelizmente, a vasta população de criaturas humanas que transitam pelo cosmo astral mais denso da nossa amantíssima Terra seguem vinculadas a algum tipo de distorção psíquica: medo, mágoa, revolta, desonra sexual, dependência química, inveja, vaidade, covardia moral, sede de vingança, desprezo da fé, uso impróprio da riqueza ou do poder... Chafurdadas nesses sintomas enfermiços, geradores de conflitos e padecimentos dilacerantes, agarram-se nas projeções telepáticas de Espíritos impuros e de mau gênio radicalizados nas profundezas abissais para destilarem a sua dor e produzirem sensações de prazer, mesmo que temporárias, fictícias e estéreis. E fazem da indução obsessiva o seu principal veículo de perseguição e flagelo à humanidade, colocando o globo terrestre numa atmosfera intoxicada de psicoses, neuroses, dramas e calamidades de toda sorte. Um delicado e gravíssimo processo de hipnose de longo curso que introduz doloroso e lamentável estado de subjugação à inteligência humana, produzindo ambições desrespeitosas, ódios religiosos, desequilíbrios sociais, com consequências óbvias e funestas, como a guerra entre nações, dificultando, ou melhor, colocando em atraso, o trânsito natural do planeta de mundo expiatório para regenerador.

Provoco o raciocínio dos alunos:

– Uma conexão com o mal que já vem alinhada energeticamente há séculos com os padrões comuns do pensamento humano. Então, como cortar a conexão e combater esse flagelo que se espalha vertiginosamente pelo seio da nossa generosa mãe Terra?

Dou-lhes um prazo maior para a reflexão e, diante do silêncio expectante, pondero eu sobre a questão:

– A solução, nem tão simples porque invoca vontade, coragem e perseverança, está em nos preocuparmos com a parcela que nos cabe, está em não nos oferecermos, consciente ou inconscientemente, como antenas psíquicas abertas ao acaso, deixando de combater em nós o desamor e todos os manifestos sutis do orgulho. E ainda, como bom pacificador, levar, através do conhecimento que se tenha e adquira, a ajuda que se possa dar a quem anseia. Portanto é preciso primeiro entender que toda essa energia ambiente, intoxicada de resíduos mentais corrosivos, só produz efeitos se conseguir, em seus meios de indução, estabelecer um circuito mental, como dito antes, de emissão e recepção de pensamentos e ideias entre o obsedante e o obsedado; isso só se dá quando há paridade de frequência, ou seja, conformidade de gostos, de interesses ou de sentimentos que favoreçam a empatia magnética entre as partes, oportunizando, e somente assim, a ação dos Espíritos de má inclinação ao engenho do processo obsessivo.

Uma pausa rápida e concluo com o melhor remédio:

– Para cortar definitivamente qualquer conexão negativa que pode surgir de inesperado, há necessidade de favorecer, em si, um outro fluxo mental, amplamente induzido por vibrações elevadas, facilmente estabelecido com a lembrança da figura terna de Jesus e da Sua sublime vivência entre nós, em que, sobretudo, nos ensinou a força do amparo divino da prece fervorosa e contínua, que dispõe a demover qualquer malefício da vida.

Não posso deixar de citar:

– O mais interessante de tudo é que a cura ou o alívio de tamanha desgraça se encontra na assertiva mais simples e compassiva de nosso Sublime Consolador: "Vigiai e Orai, para que não entreis em tentação..."[46].

– Professor Alexandre – atravessa Alfredo –, como, de repente, a Flávia se tornou solidária, com tanta disposição para ajudar alguém que ela sequer conhecia?

– Alfredo, o amor vive em nós e não se exaure ou atrofia jamais; mesmo latente, adormecido, continua lá pronto para abastecer a vida de luz, paz e felicidade. Só quando passamos a nos vigiar com mais assiduidade e cautela, atrelados à terapêutica do Evangelho de Jesus, e foi o que aconteceu no inconsciente da Flávia muito em razão do encontro com o pá-

[46] Mateus 26:41

roco da igreja, com o velho mendigo e com a visita à casa dos pais, aceitamos as enfermidades do próprio organismo e nos tornamos aptos ao soerguimento pessoal através do experimento de auxílio ao próximo, que só realmente edifica quando se aviva o prazer espontâneo de servir. Condição abençoada e evidenciada no coração de nossa estimada irmã. Não só a ela como a qualquer um de nós, mesmo tendo a possibilidade de vivenciar essa proposta de amor e abnegação, é preciso saber que, diante de todos os desajustes e desventuras alheias dos quais se tome consciência, não basta entender e se propor ao afã da assistência pura e simples, é imprescindível produzir a luz da compaixão ao amparo fraterno. Amparar na forma que nos ensinou o nosso Amado Mestre, quando nos presenteou com os ensinamentos da parábola do bom samaritano: "...Um samaritano, porém, ia de viagem, aproximou-se do homem e, vendo-o, teve compaixão dele. Chegando-se, atou-lhe as feridas, deitando nelas azeite e vinho e, pondo-o sobre o seu animal, levou-o para uma hospedaria e tratou-o....[47]". Lembra-se da parábola, Alfredo? Eis aí a solidariedade: o primeiro passo para se alcançar o sentimento maior e altruísta da verdadeira caridade. Uma pequena cópia da infinita benevolência de Deus fluindo de nós. A solidariedade, contudo, não é tão somente o interesse pelo sofrimento do outro, não consiste apenas em chorar com os que choram; é partilhar da carência do outro construindo em si o hábito de ser útil e de estar vigilante para praticá-lo com bondade, compaixão e senso de justiça, mobilizando toda espécie de recurso que lhe caiba em favor do próximo e alegrar-se ocultamente com isso. É a virtude do amor em movimento, que desperta e dignifica a criatura humana.

[47] Lucas 10:30-37

XIV - O resgate

Não podia ficar acampada na praça ou escondida num recanto seguro de uma casa ou prédio. Precisava sair e me arriscar nas ruas, não havia outro jeito. Nada de importante aconteceria se eu não me movimentasse. Somente nas ruas poderia ficar na espreita de alguma pessoa na mesma situação da Karina, focar minha atenção e ajudar do meu modo.

Na verdade, eu vinha ainda muito frágil e quando entretida com qualquer coisa fugia da solidão do isolamento. E não abria espaço para mais nada. Não deixava meus pensamentos me arrastarem a alma para a tentação do vício das drogas.

Viver sem entendimento espiritual e perambulando por uma cidade mergulhada nos dois mundos da vida é apavorante. A cidade parece um hospício grande: uma confusão de coisas. Bichos, pessoas, olhares estranhos, gritos e muito barulho de tudo quanto é tipo e forma. Dava calafrios no coração.

No meu caso, era um problema sem solução. Não tinha para onde correr. No entanto, algo forte dentro de mim dizia que não passaria o resto da vida ali, perdida e sem amigos. Um dia tudo seria bom novamente. Nada de medo, de crise, de drogas.

Por hora, sem iniciar nova tarefa, seguia observando os clarões daqueles seres sublimados fertilizando o ar de perfume por onde passavam. Continuava não sendo notada por eles, e concluí que vinham até ali por algo especial, e este algo especial certamente não incluía gente como eu.

Resolvi não me deprimir por isso: outras coisas poderiam me acontecer. E aconteceu, lembro-me bem... Estava parada perto do lago da cidade, distraída, contemplando os reflexos dourados nas águas dos últimos raios de Sol que se punham no horizonte, quando ouvi, e já bem perto, uma voz:

– Flávia, minha filha, como está se sentindo hoje?

Estremeci! Por um instante pensei que conhecia aquela voz, e me virei rápido: não conhecia. Quis sair correndo, e as pernas bambearam. Sem opção, encarei o dono da voz: um senhor envolto de luminosidade que sorria leve e com muita ternura.

E se acercando mais carinhosamente de mim, disse:

– Não tenha medo! Está tudo bem! Sou amigo. E estou aqui para ajudar, caso queira.

Na medida que dizia isso, mais pessoas radiadas de luz iam se aproximando, e pude reconhecer, entre eles o Miguel, o amigo da Sandra. Fiquei confusa e aflita, quis de novo fugir. No entanto, havia uma energia diferente vibrando ali. Essa energia trazia sensações de paz, de bondade, de recolhimento, de descanso. Fiquei sem forças, sem palavras...; esqueci-me das interrogações íntimas e permiti que aquele senhor tocasse as pontas dos dedos na minha testa. Simplesmente adormeci depois disso.

Não vi como saí dali... Presumo que carregada de padiola até a ambulância deles. Quando voltei à consciência e dei conta de mim, percebi que estava num "Posto de Saúde", pois que, além do soro nas veias, encontrava-me limpa e vestida de avental de hospital. Logo um enfermeiro entrou no quarto e disse, educado:

– Que ótimo, você despertou! Nada melhor para a saúde que um sono suave, tranquilo e reparador. E aí, como se sente?

– Bem, eu acho! Tô sonolenta e um pouco zonza.

– É normal! Fique sossegada. A sensação incômoda passa logo.

– Quanto tempo dormi?

– Você ficou adormecida por alguns dias – esclareceu.

– Nossa! Alguns dias? Não me lembro de nada.

O rapaz acrescentou:

– Também é normal. Você está num período de convalescença em razão do socorro médico urgente a que foi submetida.

– Cirurgia? – quis saber.

– Não, especificadamente! No entanto, foi feita uma série de exames, desde hemogramas a ultrassonografias, acrescentando os procedimentos iniciais de desintoxicação e de revitalização fluídica. Visto que alguns de seus órgãos se apresentavam bastante esgotados, desprovidos de energia para o cumprimento saudável das funções orgânicas.

Notando-me confusa, seguiu explicando:

– Não é tão complicado entender: você já sabe que temos um corpo mais materializado quando estamos encarnados, e outro, menos denso, que nos serve no plano espiritual. Tudo, seja lá ou cá, é corpo orgânico a nos abrigar o espírito imortal, com rins, fígado, coração...; os cuidados médicos do mesmo modo se assemelham.

Depois de retirar o soro e de me ajudar a me ajeitar na cama, continuou:

– Você está num hospital. No bloco verde, onde há uma ala reservada a pacientes com problemas de intoxicação celular devido ao uso de substâncias químicas.

– Drogas – atravessei.

– Sim, mas não só as que imagina. Temos aqui outro tipos de dependência e de contaminação orgânica grave, causada, por exemplo, pelo uso contínuo de receituário médico. No bloco verde, só que em andares distintos, são tratados comportamentos compulsivos dos mais variados, como por exercícios físicos, por comida, por abuso no uso de tecnologia e muitos outros que geram transtornos mentais similares aos produzidos pelo álcool, cigarro...

Seguiu ele:

– Em casos iguais ao seu, depois dos processos de higienização e de revitalização energética, há uma criteriosa reavaliação médica; se for ainda diagnosticada alguma glândula, célula ou órgão com disfunção enfermiça pode-se programar o reequilíbrio orgânico através de procedimentos cirúrgicos. Do contrário, não havendo a necessidade, seguimos apenas com a manutenção do tratamento fluidoterápico até a alta definitiva do paciente.

– E aí se está curada!? – atravessei de novo.

O enfermeiro sorriu paciencioso e retomou a fala:

– Apressadinha! Uma coisa de cada vez. Primeiro é preciso entender que as consequências do uso de drogas ultrapassam os limites do dano físico, e podem invadir a esfera neural, isto é, a mente. Se for assim, o tratamento que se inicia através da fluidoterapia, podendo ou não passar por procedimentos cirúrgicos, só termina em definitivo quando estiver restaurada a saúde mental; uma tarefa bem mais complexa... Mas vamos deixar isso para depois, e a cargo do seu médico, o nosso estimado irmão Isaías.

– Meu médico!? Eu o conheço?

– Sim, seu médico. Você o conhece, porque o viu perto do lago, quando permanecia na crosta terrena. Ele, ao vê-la tão jovem e tão disposta a auxiliar o próximo, embora doente e sem preparo adequado para a tarefa, a socorreu, comovido.

Identificando-me o desejo de entender, seguiu no assunto:

– Aqui, na faixa espiritual em que nos é permitido permanecer, tudo se assemelha às expressões da vida material da Terra. Há cidades enormes e outras nem tanto, que são chamadas de colônia ou distrito. Temos Sol, nascentes de água cristalina, sonhos, preocupações, conflitos, tristezas, alegrias e esperanças. Não falta nada para continuarmos vivendo em busca do nosso aprimoramento íntimo, em busca de honrarmos o nosso compromisso de amor com Deus, compromisso este que nos torna a vida inextinguível... É por isso que você está aqui sendo tratada; para seguir no seu compromisso para com Deus.

– Do jeito que fala – replico –, quase não vou estranhar nada por aqui.

– Não muito – respondeu sorrindo.

– Qual é o seu nome? – perguntei.

– Rui!

Antes que nova pergunta lhe alcançasse os ouvidos, contemporizou:

– Agora, tome estes dois comprimidinhos e beba toda água deste copo. Depois, mesmo que não durma, é bom descansar um pouco para ir se adaptando à atmosfera daqui, que é bem mais leve e rarefeita. Tenho mais alguns afazeres antes de finalizar o meu turno, mas vou deixar a janela entreaberta, para ventilar. Ah! O seu médico já chegou ao hospital e não deve demorar para vir vê-la.

– Que bom! – respondi, sem disparar mais perguntas.

A conversa com Rui me deixou calma e foi tanto que não quis ficar na cama acompanhada pelo "silêncio das lembranças". Cheguei até a janela e, afastando a cortina que havia, a abri toda. O Sol de imediato inundou de luz o quarto todo. O clarão repentino ofuscou a minha visão. Passado um tempo meus olhos se adaptaram e, quando se adaptaram, foi fantástica a sensação. Senti a energia do Sol irradiando na minha pele e me aquecendo as fibras mais íntimas. Suspirei profundo. Meus pulmões se revitalizaram. Meu coração bateu forte. Continuava viva e bem melhor.

Nada, naquele momento, pairava-me na mente. Simplesmente fechei os olhos e fiquei curtindo aquela sensação tão boa de paz, de eternidade, de alívio, de calor, de vida. Poderia passar horas ali me abastecendo do Sol, mas uma voz grave tirou-me daquele êxtase luminoso.

– Que bom que acordou. Como está se sentindo?

Virei-me da janela e vi, perto da porta, o bom senhor que tinha me ajudado antes, no lago. Ele repetiu a pergunta mediando a serenidade do olhar com um sorriso cheio de bondade.

– Então, como está se sentindo?

– Bem, obrigada! Ah, foi o senhor que me recolheu... Queria agradecer...

– Por que agradecer?! A bem da verdade, foi você, com ações edificantes de amparo ao próximo, que conquistou, por si, o direito de ser assistida.

– Eu!?

– Sim, você! Esqueceu-se da Karina!? A menina de personalidade frágil e de comportamento equivocado, que, através das suas sugestões mentais, descobriu o valor e a segurança da família. E pôde, com você do lado a estimulando a sustentar pensamentos saudáveis, libertar-se da indução perniciosa de dois malfeitores desencarnados que desejavam empurrá-la para o precipício das drogas.

– Lembro sim! Mas foi um acontecimento insignificante e isolado. Não consegui ajudar a mais ninguém.

– Nada, minha filha, é insignificante aos olhos de Deus. Para que se tenha uma ideia melhor ajustada dos reflexos da sua atitude, só pelo fato da sua protegida não ter se desvirtuado pelo mundo das drogas, evitou-se um sofrimento enorme para todo o grupo familiar dela. Aos pais, principalmente, que deixariam aquele lar, erguido no compromisso divino do amor conjugal, arrastar-se na lama do desespero, da vergonha, da culpa, da tristeza, do remorso. O que fatalmente lhes desfavoreceria todo o ajustamento evolutivo na encarnação atual.

Fiquei meio constrangida, mas feliz pelo que ouvia. No mais, mantinha a sensação estranha de que conhecia a voz do médico de outro lugar. De repente, vejo o Miguel, vestido todo de branco, adentrando o quarto. Antes que eu tivesse a chance de entrar em estado de choque ou coisa parecida, foi logo procurando me acalmar:

– Oi, Flávia, não se assuste. Está tudo bem! Sou eu mesmo...

Com leve sorriso nos lábios, acrescentou de forma amistosa:

– É normal a sua estranheza, mas o seu benfeitor, nosso querido irmão Isaías, pode lhe explicar melhor.

O médico interveio, paternal:

– Este, minha filha, é o Miguel. Pelo visto, já o conhece. Ele é um dos nossos prestimosos colaboradores e desenvolve na crosta terrena uma tarefa de influência moral aos usuários de drogas que, de certa forma, até se assemelha com o que você vinha fazendo. No entanto, numa parte operosa bastante delicada e que necessita, além de destreza mental e preparo psicológico, de uma atenção redobrada para se misturar e não se envolver naquela atmosfera infecciosa.

O doutor Isaías, identificando minha falta de compreensão, seguiu com a fala tentando esclarecer melhor:

– Não se aflija, aos poucos você irá alargando as suas percepções espirituais, se inteirando mais do ambiente e do nosso trabalho e entendendo a amplitude das várias frentes de serviços que realizamos aqui. Quem sabe, no futuro, você possa até querer se engajar numa dessas frentes.

Fixando em mim os olhos claros e bondosos, acentuou:

– O Miguel é um irmão devotado ao bem e, por vezes, milita infiltrado no meio de gangues, grupos de desencarnados malfeitores, no intuito de observar, identificar e ajudar sutilmente a todos os que possuam algum traço de arrependimento sincero, mas que não encontram forças para se desvencilharem sozinhos das malhas da própria embriaguez vibratória.

– Um espião! – atalhei afoita. O que provocou risos dos dois que me assistiam.

– Sim! Um espião do bem! – voltou o doutor Isaías. – No seu caso, em especial, que ele ajudou e você sequer percebeu.

– Como!?

O médico sorriu e, compreendendo o espanto infantil da interrogação, respondeu:

– Quando ele a chamou propositadamente de "nossa menina" e este tratamento lhe resgatou para a memória a imagem do seu pai de sangue.

– ??? – interroguei rápido as minhas lembranças e verifiquei que isso realmente acontecera, só que o Miguel de antes vinha diferente: barba por fazer, cabelos desgrenhados e usava uma jaqueta marrom, de couro, bem surrada.

– O trabalho do Miguel – seguiu o médico – é de grande complexidade e de legítima importância no propósito de servidão a Deus. Além de muita perspicácia, serenidade e discernimento psicológico, deve-se cercar de preciosos cuidados para operar disfarçado entre traficantes, aliciadores e usuários de drogas. Há riscos e imprevistos variados e, muitas das vezes, precisa-se participar de situações de condutas questionáveis para ser aceito no meio. Não é fácil se agrupar entre almas rebeladas, detidas no vício e na ociosidade criminosa e cruel.

E observou:

– O Miguel não só é determinado, corajoso e confiante, mas, sobretudo, é um entusiasta da tarefa que realiza. Foi ele quem nos chamou a atenção para o esforço generoso da sua vontade e atitude de ajudar. Esse esforço, transbordado de amor, promoveu-lhe o direito de nossa intervenção fraterna. No entanto, infelizmente, você chegou ao mundo espiritual por meio de ações desfavoráveis à saúde do seu organismo físico. O que afetou grave e diretamente a estrutura similar do seu corpo astral, que se correlaciona energeticamente com os pares de igual função da matéria densa, absorvendo os efeitos bons ou maus que lhe são impostos. Você, minha filha, praticou excessos que muito perturbaram o círculo fisiológico dos seus dois corpos energéticos.

Fiquei num misto de desapontamento e de vergonha. E uma tristeza angustiante começou a me apertar o coração. O doutor Isaías, perceptivo, procurou não deixar que a angústia se propagasse:

– Não se impressione. Acalme-se! O problema existe, e a solução também. Pelos exames laboratoriais que já analisei, temos em algumas das suas estruturas celulares, principalmente as neurais, devido ao alto acúmulo de resíduos tóxicos, um processo degenerativo acelerado, mas ainda sem grandes extensões infecciosas, o que permite, como o nosso irmão Rui lhe adiantou, o tratamento fluidoterápico. Tratamento este que, somado a sessões de inalação *vaporizante*, visam à limpeza das vias aéreas e do sistema circulatório e a eliminação da permanência e proliferação de micro-organismos nocivos adquiridos de quando respirava nas esferas astrais de baixa densidade.

E seguiu com o diagnóstico:

– Por outro, minha filha, os exames de ecografia e de ressonância magnética, que foram realizados enquanto permanecia em coma induzido, acusaram uma oclusão séria no útero, com a presença de restos de tecidos e infecção generalizada. Sendo assim, devido ao estágio avançado da enfermidade, não há como utilizar procedimentos menos evasivos; é necessário uma intervenção cirúrgica instrumental em caráter de urgência.

– Tão logo o irmão Natanael[48], que é o supervisor geral do setor de cirurgia do hospital, veja os seus prontuários, reavalie e confirme as nossas conclusões preliminares, teremos autorização para as providências cirúrgicas. Vai dar tudo certo, tenha fé e o coração serenado de gratidão e de amor a Jesus, que nos ampara sempre.

[48] Identificado no Capítulo I

Lembrei-me quase que automaticamente do que fiz para prejudicar o meu útero, quando encarnada, a ponto da necessidade desta cirurgia. Como pude ser tão ignorante e estúpida para maltratar e dilacerar o próprio corpo. Era vexatório. Não tinha direito nem dignidade para estar ali naquele hospital, sendo tão gentilmente assistida.

Senti-me imunda. Um traste. Um trapo humano. Sentei-me na cama, coloquei o rosto entre as mãos e desabei a chorar.

Passados alguns segundos, Miguel sentou-se ao meu lado no leito, abraçou-me e falou comovido:

– Não fique assim, se punindo. Já Passou! Todos nós cometemos erros. Faz parte do nosso aprendizado. O que se precisa é aceitá-los, entendê-los e corrigi-los. E eu estarei com você para ajudar nesta tarefa. Cuidarei de você como se deve cuidar de uma irmã do coração, da mesma forma que você fez com a Karina. Vamos superar tudo isso, juntos. Seu espírito é grande e forte.

Sentia que aquelas palavras não eram apenas promessa, e sim uma certeza de apoio, de companhia, de cuidado.

– Confie em Deus misericordioso e nos bons médicos deste hospital – prosseguiu o Miguel –, pois que há sempre sol atrás de cada tempestade nos iluminado o caminho e nos conclamando para a superação, a renovação e o progresso espiritual.

E procurando me encher de esperança, acrescentou imprimindo um toque de alegria na fala:

– Flávia, levante a cabeça e enxugue as lágrimas. Anime-se!... Não quero lhe forçar, mas preciso que tenha boa disposição para se curar logo, pois temos trabalho aguardando; há inúmeras Karinas para encontrar e orientar.

A possibilidade de trabalho na intenção generosa do meu novo amigo e protetor, abrandou o meu coração.

Depois de duas semanas de tratamento intensivo de desintoxicação a cirurgia pôde ser realizada e, graças a Deus, correu tudo bem. No entanto, passada a cirurgia continuei quase dois meses internada; não podia me afastar do setor a que estava condicionada. Qualquer passeio pelos corredores do hospital era sempre acompanhada de um enfermeiro, muita das vezes pelo Rui, a quem eu vivia a perturbar com meus infindáveis questionamentos.

– Rui, por que me sinto tão fraca? Já faz dias que fui operada e não consigo me restabelecer... Não me sinto bem...! Fico zonza...! Deu alguma coisa errada na cirurgia...? Até quando vou ficar nessas sessões de *nebulizantes*?

– Calma! Tudo saiu perfeito na cirurgia. As reações pós-operatórias são normais. O seu metabolismo orgânico vem respondendo bem aos procedimentos médicos. Portanto, não deixe que a impaciência e a ansiedade lhe prejudiquem o estágio de reabilitação... Tenha bom ânimo, fé e perseverança que logo estará pronta para novos desafios.

Passava o tempo assim: reclusa e inquieta, testando a paciência do Rui. Um dia, porém, o Miguel veio me visitar e pude ir com ele até o jardim do lado de fora do hospital. Foi quando tive a real ideia do tamanho do hospital, e fiquei impressionada: prédios enormes ligados entre si por passarelas e elevadores panorâmicos. E tudo parecia ter sido construído dentro de uma mata fechada. Ao redor árvores gigantes e frondosas, pássaros, animais silvestres, plantas e flores de todos os tipos e muita gente transitando pelos jardins e pelas passarelas.

Miguel, percebendo o meu deslumbre inquisitivo, esclareceu:

– Flávia, aqui é um núcleo hospitalar modelo; funciona como *hospital-escola* para a formação prática dos futuros profissionais da área de saúde.

E continuou:

– Vários tipos de enfermidades e pesquisas de ordem médico-científica são tratadas e desenvolvidas nessas unidades. Toda a edificação foi cuidadosamente projetada para ser parte integrante do bosque, onde a natureza, com sua bioenergia fluídica pura e revigorante, é substância elementar e primordial na cura de diversos malefícios que afligem o ser humano.

E completou:

– A cidade não está muito longe, cerca de, no máximo, uns quinze quilômetros.

– Quando poderei conhecê-la?

– Penso que em breve, mas isso depende, primeiro, da liberação do seu médico.

– Miguel, não quero ser ingrata, mas já estou cansada de ficar internada. Só hoje pude sair um pouco... Que tipo de doença eu ainda tenho? E outra coisa: Por que nunca recebo notícias dos meus familiares? Meus pais, principalmente, estão bem? Estão vivos?

E segui pondo pra fora o que me incomodava:

– Tive lendo alguns livros que o Rui me emprestou e vi que é permitido o reencontro com parentes queridos já falecidos. Minha avó, Joana, por exemplo, já faleceu faz tempo e nunca veio me ver ... Por quê? Não sou mais neta dela?

Antes de mais perguntas, o Miguel interveio:

– Calma! Vamos devagar! Para todo e qualquer acontecimento que nos recaia na vida, há sempre uma explicação lógica e verdadeira. Você, Flávia, cedo ou tarde não só irá entender como também irá aceitar o que busca e precisa realmente saber.

– Tá, Miguel, mas, por favor, esclareça-me pelo menos alguma coisa para que eu fique mais calma. O Rui, o que me empresta os livros, é um dos enfermeiros que me assiste; um bom amigo e muito atencioso comigo, mas só responde às minhas perguntas de forma evasiva; como você acabou de fazer. Isso me angustia, me sinto alheia, perdida.

Ele fez uma pausa bem longa e, notando que a falta de informação andava mesmo me torturando, disse, com certo bom humor:

– Depois de ser metralhado por tantas perguntas e de saber que a minha fala, condizente com a do Rui, anda um tanto evasiva, vou tentar ser mais persuasivo nas respostas. Tudo bem assim?

Sorri, meio constrangida, mas tinha conseguido o meu intento.

– Você deve, antes de tudo, entender que passou por uma cirurgia complicadíssima para a recuperação do seu aparelho reprodutivo. Não foi realizada apenas curetagem na bacia uterina, mas também desobstrução dos canais das trompas, recomposição do sistema de irrigação dos ovários etc. Só com isso o seu pronto restabelecimento já levaria um tempo considerável, no entanto há outros complicativos, que são os processos de desintoxicação celular e que são menos invasivos, porém, por outro lado, bem mais demorados. Hoje, por exemplo, esse passeio pelos jardins do hospital é parte do tratamento; os médicos o chamam carinhosamente de "ANA", Ambientação Nutricional Atmosférica, "... um pouco de ANA e muito se melhora...", eles brincam. Então, respondendo à primeira das suas perguntas, posso afirmar que você não está mais doente, e sim convalescente de uma cirurgia importante e complexa e, ainda, realizando sessões fluídico-medicamentosas para eliminação de todo e qualquer resíduo tóxico do seu organismo.

Procurando saciar mais a minha ansiedade, passou, de imediato, para outra explicação:

– Seus pais estão bem, estão vivos, ou melhor, estão encarnados no plano físico. Quanto a sua vozinha Joana, ela tem buscado notícias suas quase todos os dias no hospital. Não lhes foi permitido o reencontro familiar devido ao nível do fluxo de toxina ainda alto que você involuntariamente segrega pelos poros, e a sua avó, que habita numa atmosfera menos adensada, não traz no corpo astral que preserva, nenhum componente apropriado para assimilar e filtrar essa carga tóxica. Para ela seria como se aproximar de um fumante inveterado que exala até pelo hálito o cheiro forte e indesejável do fumo.

Como me senti mal ouvindo aquilo. Algo dentro de mim permanecia asqueroso e contaminado.

– Desculpe-me, Flávia, pela aspereza das palavras – contemporizou o Miguel –, mas é a verdade, sem rodeios: para você ver e conversar pessoalmente com a sua avó Joana, que te ama muito, é preciso, no mínimo, concluir o estágio de desintoxicação de que falei.

– Tá! Eu agora entendo. Muito obrigada pelas explicações sinceras.

– Não fique triste – finalizou o meu amigo, com entusiasmo –, o importante é que você está aqui neste hospital excelente, cercada de profissionais competentíssimos e se recuperando bem e rápido. Por que não deixamos esses assuntos para depois e aproveitamos da luz do sol para caminharmos por aí?

E sorriu matreiro:

– Quase nada sei das criaturas que vivem nos limites deste bosque, que tal descobrirmos?

– Sim, eu gostaria! – respondi, pacientando o coração.

– Ah, muito bem! Então vamos.

XV - Anjos são reais

Flávia termina a narrativa sobre a experiência do resgate e dos zelosos primeiros procedimentos médicos recebidos na nova paisagem espiritual. Na realidade, alcançara o ponto final das lembranças que a transportaram até ali.

Toc, toc, toc.

Três leves batidas na porta, que se abre. É Rosália que adentra a sala carregando belo buquê de rosas brancas e, com largo sorriso na face, entrega a Flávia, dizendo:

– Minha querida, são rosas da cor de algodão, que simboliza paz, harmonia e gratidão; uma lembrancinha de todos nós aqui da escola para você, principalmente do professor Alexandre e dos demais colegas da sala.

– Pra mim!? – Ela pergunta um tanto que atônita diante da surpresa e já visivelmente represando as lágrimas nos olhos. – Por quê?

– É apenas uma singela homenagem – atravesso eu a resposta. – Ideia dos seus amigos daqui da sala em sinal de agradecimento, de gratidão, por todo o tempo passado conosco compartilhando, com desvelada sinceridade, bondade e dedicação, a sua história de vida.

Os alunos se erguem das carteiras e começam a aplaudi-la, efusivamente. Envolvida pelo clima de demonstração de carinho, não consegue mais represar as lágrimas e chora abraçada às flores.

Rosália, comovida, beija-lhe o rosto. Inclino-me para mais

próximo e, após faze-lhe um afago nos cabelos, digo:

– Não chore! Agora você faz parte desta família e, na expressão dos nossos sentimentos, estará eternamente ligada aos nossos corações, porque todos os que aqui tiveram a feliz oportunidade de ouvi-la seguramente caminharam com você no imaginário. Por partilharem dos seus impulsos de coragem e determinação, agregaram conhecimentos e valores que em muito hão de contribuir na extensão de suas trajetórias evolutivas.

Prossigo:

– Graças a você, temos agora um material de estudo *prático-reflexivo* sobre o malefício imponderável das drogas bastante enriquecedor. Ficou claro, em todos os seus relatos, a urgência de medidas iluminativas para o clareamento dessa rota de sombra. Devemos hoje nos conscientizar de que devemos nos preparar com afinco para a realização de um trabalho futuro deveras difícil e penoso, mas do qual não se pode fugir à luta para desarticular, mesmo que seja preciso, seguindo o seu exemplo, suar e sofrer para amparar e esclarecer.

Ainda um tanto desconcertada, a ilustre homenageada esboça um curto e amarelo sorriso.

– Você – sigo observando – é a prova viva de que as tempestades passam e, pela grandeza de Deus, tempos melhores sempre haverão de se aproximar, generosos, a nos conduzir a ser útil e a encontrar prazer nos desafios das tarefas novas, experimentando crescente alegria, confiança e paz. Essas rosas não representam nenhuma despedida, e sim o símbolo do nosso respeito e simpatia, que se soma à enorme admiração que temos pela pessoa em que você se transformou.

– Nós te amamos, Flavinha, – atravessa Ednalva, com os olhos marejados d'agua.

– Você ouviu e é verdade – replico. – Nós te amamos!

Recobrando a serenidade e menos constrangida pela demonstração inesperada de afetividade que recebeu, Flávia, com a emoção melhor dosada, encontra algumas palavras para a turma:

– Gente!!! Eu não sei o que dizer... Só tenho mesmo é que agradecer a todos por terem me proporcionado tanto carinho e compreensão durante todos esses dias maravilhosos. Espero ter correspondido às expectativas do professor Alexandre; que minha história de vida, tão inconsequente e invulgar, possa em algum aspecto ter construído no sentido das ações edificantes que irão realizar. Amparada por vocês e também pelo pessoal do hospital onde permaneço alojada, consegui reviver e aprender com a minha desventura, e hoje, mesmo longe de novas possibilidades de regressar ao mundo físico, já consigo sentir e sonhar com uma perspectiva de reabilitação real, livrando-me das nódoas do passado, reerguendo-me moralmente e me reintegrando definitivamente numa vida honesta e laboriosa. Bem... acho que é só isso! Se eu continuar a falar, vou voltar a chorar. Então, obrigada, de coração, a todos. Sou muito grata por tudo! Adorei as rosas.

Nova sessão de aplausos e, após alguns últimos cumprimentos de colegas que vieram ao seu encontro, Flávia, carregando o buquê de rosas, toma o braço acolhedor da Rosália, e as duas, absorvidas numa conversa mais pessoal, deixam a sala.

Embora o momento sublime da despedida da irmã refletisse ainda forte comoção nos alunos, era preciso regressar às atividades justas do aprendizado, então adianto-me:

– Do que foi dito nos derradeiros comentários da Flávia, em especial, das notações acontecidas no "Centro de Reabilitação Hospitalar", fica claro que o tratamento clínico extrafísico para um Espírito que desencarna vitimado pelo uso de drogas, mesmo que já tenha sido retirado do lamaçal do vício, liberto dos pensamentos fixos obsessivos e da compulsão descontrolada, devido à assistência integral e permanente dos departamentos especializados na recapacitação mental e orgânica, há um percurso longo e penoso no caminho definitivo da cura.

Foco nos procedimentos normalmente aplicados aos toxicômanos:

– O primeiro passo e causador de muita sofreguidão ao Espírito-paciente é parte do processo minucioso de desintoxicação *bio-radiativa* de toda a estrutura fisiológica do corpo astral, pois que várias células, tecidos, órgãos e glândulas que compõem o complexo perispirítico filtram de seus similares no corpo físico, quando ativo, grande carga de energia; no caso do usuário de entorpecente, de natureza impura e contaminada. Por serem *fluxos energéticos correlatos*[49], e em constante interação físico-espiritual, as lesões de qualquer ordem em um, geram automaticamente lesões de mesma amplitude no outro. É necessário refazer a defensiva orgânica. Nessa situação, a fluidoterapia com sessões de inalação medicamentosa *vaporizante*, passes magnéticos e meditação bioenergética costumam devolver a integridade funcional da unidade orgânica fatigada; outras conjunturas, porém, apresentam-se danificadas ao extremo, carecendo de cirurgias reparadoras ou até de implante de novo órgão. Nada, então, é remediável a curto prazo.

Sigo circunscrevendo as disfunções:

– A ruptura da harmonia celular projetada no perispírito, em consequência de exposição às drogas, não raro prejudica somente o invólucro psicossomático, mas igualmente agrava a psique humana, infectando a sinergia da mente, com altas cargas tóxicas que afetam o equilíbrio do sistema neural, o qual, desarticulado, interpõe fobias e angústias, inseguranças e mágoas que geram injunções mais aflitivas, como a depressão. Nessa hipótese, o processo de tratamento apresenta complexidade maior, cabendo a psicólogos, psiquiatras e sociólogos do plano astral, sabedores de que o pensamento é que dá qualidade curativa aos fluidos de natureza humana, corrigir as distonias da mente enferma, reorganizando, na forma de pensar do paciente, as células neuronais para que interfiram em outros grupamentos celulares, tornando-os sãos; promovendo, com isso, o desbloqueio de suas potencialidades morfológicas e fisiológicas, indeléveis ao estado de consciência do Espírito. Uma terapêutica medicinal delicada que vai se aprofundando milímetro por milímetro nos recônditos secretos do ser imortal e esgotando as emanações fluídicas da corrente metafísica deletéria acumulada, invasora e nociva, com a indução de energias *mentomagnéticas* positivas até resgatar totalmente o equilíbrio psíquico e, portanto, a saúde mental.

[49] Maiores informes: Capítulo V

Sintetizo as duas circunstâncias:

– No mundo espiritual, em meio aos maravilhosos recursos de assistência fraterna de bons e preparados Espíritos, somados à mansuetude e renúncia da entidade de alma irmã a ser assistida, as possibilidades de reabilitação são grandes, mas é necessário ao fim do processo comprovar a si mesmo que venceu a enfermidade, que sua mente não segue mais cristalizada no vício, e sim na reforma íntima do próprio Espírito, que já caminha para o bem mediante o impulso sólido da própria vontade. Dessa forma, é hora de envergar novo corpo físico e, desta vez, mesmo carreando algum problema de transferência cármica, cuidar bem dele, sem deixá-lo se arrastar pela correnteza de antigas ilusões.

Alerto:

– Reiniciar a jornada terrena, deixando retido no porão da subconsciência o código de acesso às lembranças de vidas passadas, exige cautela, fé e religiosidade assídua, pois paralelamente ao que deve ser feito pesam não só os defeitos latentes adquiridos em outras experiências reencarnatórias, mas, igualmente, o ambiente de convívio social e doméstico muito próximo ao das antigas turbulências pessoais. Contudo, reviver a falha de comportamento passado e não repetir o erro, constrói, em si, a liberação lúcida do sentimento ilhado pelo fracasso, curando-se definitivamente.

Para que os alunos reflitam um pouco mais sobre a imprudência do desperdício de uma preciosa existência física, acentuo:

– A princípio, não parece ser de tão alto risco voltar ao testemunho da carne valendo-se do mesmo palco de lutas, desafios e dissabores de antes, visto que houve todo um preparo espiritual e tudo desse preparo está guardado em algum dos escaninhos da pré-consciência e pronto para ser resgatado pela intuição. Não é tão simples assim! Coligado às provações está o livre-arbítrio que normalmente expande a personalidade e os limites da vontade e dos desejos.

Faço uma pausa rápida:

– Lembrem-se da Flávia que iniciou sua infeliz viagem pelos redutos sombrios das drogas quando habitava e circulava solta pela crosta incorpórea da Terra. Foi assistida. Encontrou uma família de base. Reencarnou. Como não há improvisos ou insegurança no trabalho de organização superior, foi colocada diante de situações parecidas àquelas em que se embrenhara na erraticidade. Era a prova bendita e oportuna de regeneração e crescimento de que precisava. Sucumbiu. Só veio a se encontrar e a trabalhar por sua recuperação quando no retorno ao ambiente dos espíritos. No entanto, conforme define a "lei de progresso", que sustenta a possibilidade de evolução, somente através dos estágios de aperfeiçoamento moral e intelectual deverá, em futuro não tão próximo, voltar aos liames da carne, postando-se perante os mesmos aguilhões para que possa direcionar seus esforços, com sacrifício, renúncia e dedicação, a soluções amparadas pela sabedoria do amor maior a Deus. Só assim destruirá terminantemente quaisquer fragmentos de larvas mentais tóxicas do seu psiquismo, não retardando mais o burilamento íntimo e o favorecimento a novas conquistas para uma vida mais plena e feliz.

Termino, recordando o compromisso inicial da turma:

– Bem! Como viram, a nossa querida irmã Flávia procurou compartilhar conosco, e da melhor forma possível, todos os fatos que conseguiu rememorar quando da sua condição de toxicômana. Sem dúvida, os relatos das experiências por ela vivenciadas entre os dois mundos da vida terrena, nos trouxeram rico aprendizado; onde, sobretudo, observamos os reflexos das suas escolhas, ora a conduzindo a calamitosos infortúnios ora lhe fortalecendo a vontade de superar condições adversas e aflitivas. Ficou bem claro na exposição de nossa amiga e também nos comentários que juntos fizemos aqui na sala de aula, que provas e expiações, sejam de qualquer sorte, são sempre extraídas dos gravames inditosos que nós mesmos construímos e que devemos de igual modo encontrar recursos para suplantar, a fim de resgatar a paz para a consciência e voltar a ter esperança no porvir. Como combinamos no início, ao cabo das narrativas da Flávia, encerraríamos as sentenças estudadas com vocês providenciando um relatório individual de suas impressões pessoais sobre a história. Para isso, podem se abalizar em qualquer dos comentários que foram expostos nas aulas, ou até mesmo em pesquisas e estudos semelhantes ao tema. Há referências e bibliografias excelentes disponíveis na biblioteca da escola.

Libero a classe:

– Estão dispensados por hoje! Vocês, como desenvolvem várias outras atividades, têm quinze dias para apresentar o trabalho. Se não conseguirem nesse prazo, em nada engessado, precisam justificar a mim o motivo para ampliá-lo. Qualquer dúvida ou outro tipo de questionamento estou à disposição... Vão na paz de Nosso amado Senhor Jesus, o Cristo de Deus e todos nós.

Todos entregaram o trabalho escolar a contento, sem nenhuma necessidade de postergação de prazo.

Passa-se um mês e coloco no meu roteiro habitual uma visita cordial à Flávia, por quem desenvolvi grande apreço e ternura. Chegando ao hospital, a encontro no parque. Está sozinha e sentada num banco próximo à pequena fonte d'água. Tem um livro entreaberto nas mãos, mas não o lê, no momento. Seus olhos seguem fixos no clarão alaranjado do sol, que já mergulha por trás das colinas baixas do bosque.

– Oi, Flavinha! – falo baixo para não assustá-la.

– Professor Alexandre!? Que surpresa boa!

Beijo-lhe suavemente as mãos. E agradeço a recepção:

– Obrigado! Você, como sempre, muito gentil – e pergunto, por minha vez: – Como vai indo? Tudo bem...?

– Tudo indo muito bem! Estou a cada novo dia me sentindo melhor, mais disposta... Verdade! E não vejo a hora de receber alta médica e começar a fazer algo: trabalhar, estudar, ir à cidade...

– Isso é muito bom! Fico feliz...! O pessoal da escola, sabendo da minha visita, mandou-lhe lembranças. Muitos deles, como a Ednalva e a Rosália, tomaram da caneta e preferiram a moda antiga de enviar mensagens: escreveram algumas palavras. Os mais interagidos com a modernidade, como o Carlos, Gabriel e o Tobias Alberto gravaram um pequeno vídeo. Tome. Quando tiver um tempinho, veja.

– Ah! Nossa! Tô emocionada. Vou ver tudo, sim! Tenho saudades do convívio com eles. Foram todos bastante respeitosos e atenciosos comigo.

– Você, certamente, ainda conviverá com boa parte daquela turma, fique tranquila quanto a isso.

Ela sorri, docemente. Assento-me a seu lado.

– Professor, um pouco antes da sua chegada, estava eu com meus botões pensando noutra parte da minha história...; concluí que só consegui chegar até aqui e estar bem hoje, devido a algumas pessoas "gente boa" que encontrei depois de morta. O mérito, na realidade, é delas. E tudo começou com o rapaz a que nem pude sequer agradecer, mas que me tirou daquele lugar sombrio; depois veio a esperteza sutil do Miguel, o padre, o senhor Francisco Gomes. Não esquecendo o pessoal do hospital e da escola.

Sorri novamente, mas agora com uma pontinha de ironia no olhar, antes de arrematar o pensamento:

– Se não são anjos, como já me disse uma vez, não poderiam aparecer, assim, do nada... e tão oportunamente, como numa cena de novela..., mas apareceram e me salvaram. Então, concluo que foi um milagre do acaso ... No meu caso propriamente dito, vários milagres do acaso.

Não lhe dou nenhuma resposta, de imediato. Ela me olha um tanto desconcertada e, sem se valer do sorrisinho de leve e meiga zombaria, acentua:

– Desculpe-me, professor, foi péssimo da minha parte. É que lá no fundo eu queria entender melhor: todos nós temos esse tipo de ajuda quando morremos? É algo natural? Se os anjos da guarda existem, não deveria ser esse "acaso" obra deles?

Ela, percebendo que continua a questionar ininterruptamente, volta a se retratar:

– Perdoe-me, professor! Sou muito afoita. Estou sendo desrespeitosa e infantil. A essa altura eu não devia me preocupar com a conexão de tais coisas, e sim com o esforço vigilante e incessante na minha recuperação... Vamos mudar de assunto?!

– Não! O impulso é nobre – digo-lhe sem represália –, contudo é preciso calma de espírito para que todas as respostas surjam espontaneamente. Você deduziu corretamente: foi por influência pessoal do seu anjo da guarda que aconteceu toda aquela movimentação proveitosa em que determinados irmãos lhe cruzaram o caminho. Nada foi eventual ou por acaso.

Resolvo, inebriado por sua curiosidade sadia, elucidar um pouco mais:

– Primeiro é preciso entender que a humanidade não se limita ao espaço das dimensões físicas e espirituais que compõem a abóboda celeste da Terra. Antes mesmo da formação do planeta em que vivemos, Espíritos desta e de outras galáxias já percorriam suas trajetórias evolutivas trabalhando suas imperfeições e, mediante esforço próprio e retilíneo, adiantando-se na hierarquia cósmica até alcançar o estado *mento-morfológico* de Espíritos puros, os quais foram batizados, de acordo com uma e outra tradição religiosa, por anjos, arcanjos, serafins... Na realidade, são irmãos nossos de mesma significação para Deus, que, no entanto, devido ao grau de evolução em que se encontram, recebem missões maiores como a da governança de um orbe ou mesmo de todo um sistema planetário, como o nosso sistema solar. A eles os direcionamentos são de elevado porte e relevância na arquitetura funcional do Universo. Como, porém, o grande se constitui do apanhado de pequenas coisas, cada indivíduo, que soma no Todo, é um diminuto universo, nunca de menor importância no contexto da Criação Divina, que tem igualmente direcionado um anjo em missão suprema de proteção. São os chamados anjos guardiões, mentores, guias espirituais. Todavia os guardiões pessoais, embora sejam Espíritos de grande envergadura moral, em nada têm a ver com os anjos celestiais de alto grau de perfeição, mas estão ordenados em condição evolutiva superior à de seus amparados, procurando sempre entrar na frequência mental deles para, através de intuições e pressentimentos, favorecê-los no uso do livre-arbítrio. Não raro, esse bom gênio protetor, que acompanha o seu favorecido desde antes do nascimento e o segue no além-túmulo com o mesmo propósito de conduzi-lo para o bem, por desenvolver outras tarefas laboriosas na vida espiritual, secunda, em momentos oportunos, alguma ação de auxílio a seu protegido a outros irmãos, sejam desencarnados ou não. Por exemplo, a inspiração sugestiva da palestra do padre, aproveitando que você estava presente na igreja; o acerto com outras entidades protetoras para o deslocamento de um irmão que a amparasse vibratoriamente nas sombras densas...

Flávia nada indaga, a tudo escuta com muita atenção:

– Por mais que a insegurança ou a rebeldia da irresponsabilidade transvie a alma enfermiça do caminho do bem, ocluindo-lhe o canal de recepção vibratória a sugestões de consolo, ânimo e coragem, eles, os anjos da guarda, permanecem mentalmente ligados a seus tutelados e, por vezes, até o seguem, pesarosos, na entrega aos prazeres fugidios dos vícios, nas prisões, nos hospitais, no encontro com toda sorte de infelizes padecimentos voluntários. Como um pai amoroso, e que termina sendo, lamenta o erro cometido pelo filho em tutela. No entanto, não na mesma medida angustiosa da paternidade física terrena, pois lhe alicerça a consciência o pensamento lúcido de que o mal perece, e o bem cura. A queda de agora será, no amanhã, mera lembrança do obstáculo superado.

Faço uma pausa ligeira e volto:

– Os anjos, estejam nas esferas celestiais maiores se ocupando de grandes e maravilhosos eventos de luz ou simplesmente estejam próximos a nós, velando por nossas particularidades menores, são reais. Todos têm, independentemente do tamanho de sua missão ou hierarquia espiritual, a natureza protetora de um pai para com o filho. Esse filho, mesmo que não haja nenhum laço consanguíneo, lhe será eternamente muito querido.

– Que lindo, professor! – atravessa Flávia, emocionada. – Lá no fundo é Deus, o Pai Maior, protegendo e guardando a todos do Seu jeito Único, que é só amor.

– É isso mesmo! – respondo, admirado.

Mediante pequeno intervalo, isento de palavras, que se faz naturalmente entre eu e minha interlocutora, passamos a comtemplar a ventura celeste do entardecer. E assim vamos até que a voz clara e suave de minha amiga rompe o silêncio sublime:

– Professor Alexandre, quando eu perambulava já desencarnada e perdida pela crosta da Terra, teve uma vez que a noite estava bem gelada, extremamente fria... Talvez fosse inverno. Não sei ao certo...! Só sei que as horas iam longe pela madrugada e eu estava recolhida num canto mais isolado do burburinho das ruas centrais da cidade. Nada passava por ali. O silêncio reinava profundo. Aí, de repente, olhei para o céu e fiquei fascinada. Acho mesmo que fiquei hipnotizada. Nunca tinha visto tantas estrelas juntas... Centenas de milhares espalhadas no espaço. Uma imensidão de pontinhos luminosos que mais parecia um jardim enfeitado de flores cintilantes salpicando luz e beleza no firmamento escuro e oculto de segredos. Foi o quadro vivo mais lindo que já vi na vida... E foi ali, extasiada com aquele palco radiante que contemplava, que algo se iluminou em mim; acho que senti o esplendor de Deus e que, mesmo morta, jamais estaria sozinha. Aqueci meu coração com esse sentimento e ele encheu a minha alma de esperança.

Flávia respira fundo e segue com a recordação:

– Agora, vendo-o falar desse Espírito protetor que nos acompanha sempre, se colocando a nossa disposição por ordem amorosa de Deus, penso que ele, o anjo que me guarda, estava ali bem próximo a mim, oculto, e me ajudando a aquecer o corpo e o coração com esse sentimento.

– Com toda certeza, Flávia! – afirmo, enormemente impressionado com a observação tão perspicaz.

– Professor – volta ela –, por que não é permitido pelos nossos dirigentes de Espiritualidade Superior, saber quem é o nosso Espírito protetor?

– Pelo contrário, Flávia! – Estando de volta, e já consciente e reajustada ao mundo dos espíritos, você frequentemente está envolvida com ele.

– ???

– Verdade! – afirmo, devolvendo-lhe uma parcelazinha do mesmo sorrisinho irônico dela, mas não a deixo muito tempo na expectativa. – Você só não o reconheceu ainda porque não prestou a devida atenção em alguém especial, que não só lhe inspira confiança, simpatia e amizade, mas também ternura e proteção, como de um pai para com o filho, no seu caso, de pai para com a filha.

– Ah, meu Deus! – exclama quase que cortando a respiração. – Eu sei com quem me sinto assim.... Como fui tola em não perceber! Foi desde quando ouvi o afago carinhoso da sua voz pela primeira vez, assim ao vivo, cara a cara ... Pensei, na hora, que até já o conhecia. Ele só me chama de "minha filha". Não acredito...! É o meu médico, o doutor Isaías. É ele? Só pode ser ele!

Como não há motivos para lhe estender a aflição por uma informação que só vai trazer benefícios, confirmo:

– Exatamente! Não há segredos no bem. O doutor Isaías não é só o seu médico; ele, rotineiramente, costuma advogar com veemência sua causa junto a nossos superiores; e já vem lhe insuflando bons pensamentos, consolando-a nos infortúnios e lhe sustentando a coragem nas provações da vida, por várias outras jornadas reencarnatórias. É, entre todos, o amigo que mais a conhece e torce pacientioso por sua felicidade.

Flávia, sentada ao meu lado, esboça um leve e doce sorriso. Nada diz. Recosta a cabeça no meu ombro e, certamente, considerando a grandeza da bondade Divina, diante do caminho que tem por seguir, derrama silenciosas lágrimas de gratidão e contentamento. Entende que nunca esteve ou estará sozinha. Sinto-lhe o coração batendo calmo e feliz.

A luz pálida do Sol no horizonte já quase não mais acaricia o crepúsculo. É o anúncio de que em breve dará seu lugar ao brilho imenso das ESTRELAS no CÉU.

AS MANHÃS SÃO ETERNAS

Alexandre / Almir Resende

Que mistério liga, de remoto passado, o luminoso espírito Natanael a Nathan, um líder das Sombras, levando o primeiro a descer à cidadela sombria onde este reina, no intuito de resgatá-lo para a Luz? Por que o poderoso líder trevoso estremece ao defrontar-se com Alexandre, o auxiliar de Natanael?

Neste obra fascinante, vamos com Natanael e o jovem Augusto à cidade sombria de Nathan, e a conhecemos em detalhes: habitantes, edificações, o palácio do líder obscuro e a realidade energética do conjunto. Percorrendo os vales de sofrimento e seus guardiões, vemos os temidos dragões em ação, e deparamos com uma universidade trevosa onde se desenvolvem pesquisas e estratégias científicas avançadas: chips eletromagnéticos, experiências genéticas, indutores de obsessões, rastreadores psíquicos, técnicas de sondagem de almas, hipnose; enfim, toda uma avançada tecnologia a serviço das Trevas. E mais ainda: vemos desencarnados e encarnados em desdobramento sendo vitimados por elas.

Na contraparte da narrativa, em plena crosta, uma casa espírita, onde médicos desencarnados e extraterrestres operam juntos, socorre vítimas desses métodos invasivos. A presença dos companheiros da Irmandade Galática é uma constante na obra que nos conduz, inclusive, a um planeta mais feliz que a Terra, com o qual os personagens da história têm um vínculo original.

Várias tramas e destinos se entrelaçam, entre o Astral e a crosta, em torno do drama de Nathan e Natanael, enriquecendo de preciosos conhecimentos de realidades espirituais, de teor atualizado, esta obra que constitui verdadeiro compêndio de estudos avançados, em meio à envolvente narrativa que abrange muitas almas em trânsito das Trevas para a Luz.

ESTRELAS NO CÉU DE INVERNO
foi confeccionado em impressão digital, em setembro de 2019
Conhecimento Editorial Ltda
(19) 3451-5440 — conhecimento@edconhecimento.com.br
Impresso em Super Snowbright 70g